U0025158

進擊

未來社會的九大生存法則

Whiplash

How to Survive Our Faster Future

伊藤穰一 Joi Ito　郝傑夫 Jeff Howe———— 著 李芳齡———— 譯

截至目前為止，我們的旅程是愉快的。路況良好、食物充足……
事實上，假如沒遇到什麼前所未見、糟糕透頂的情況，我會說，
困難僅止於開始。

—— 譚森・唐納（Tamsen Donner）寫於 1846 年 6 月 16 日*

---

* 編注：1846 年春，喬治・唐納（George Donner）帶著妻子譚森，夥同親友從美國
　東部出發，預計前往西岸加州定居。年末，該移民隊伍因誤判路線，受困於山區。
　在嚴冬中，近半數成員慘遭凍死或餓死，部分生還者依靠食人存活。

CONTENTS
目次

推薦序
如何不被快時代拋在腦後

創新工場董事長暨首席執行官　李開復

在2017年初的世界經濟論壇上，我有幸與MIT媒體實驗室負責人伊藤穰一就「人工智慧」這一話題展開討論。那是一場非常有意義且有趣的對談，我們在很多觀點上不謀而合，他富有遠見的獨特視角同時也讓我思路更加開闊。

如今，伊藤穰一和郝傑夫的新書就要付梓面世了。為了完成這本書，他們花了四年的時間，採訪了大量與媒體實驗室有關的人士，包括學生、工作人員和老師。從書中大量詳實的案例和資料中，能夠看出兩位作者的扎實功底、勤勉和努力。在此，向他們表示祝賀。

本書的兩位作者是極富遠見的思考者。他們敏銳的看到，隨著科技革命和資訊革命的發生，世界已經進入數位時代，變革快速出現，而人類的思維卻總是處於脫節狀態。面對這個充滿不對稱性、複雜性、不確定性的嶄新系統，人類的思維需要更新迭代。本書基於此提出了現代世界生存的九大法則，以幫助個體和組織應對充滿挑戰和不確定性的未來。

　　這九個法則分別是：群起勝過權威、拉力勝過推力、羅盤勝過地圖、冒險勝過避險、違逆勝過服從、實行勝過理論、通才勝過專才、柔韌勝過剛強、系統勝過個體。

　　這些法則不是抽象的理論，而是伊藤帶領下的媒體實驗室每天都在實行的工作方式，極大的激發了研究人員的想像力和創造力，讓媒體實驗室始終保持獨特性、新穎性和神奇性。

　　在書中，我驚喜的看到這些富有生命力的科研成果：奧斯曼（Neri Oxman）所創作，用六千多隻蠶吐絲包裹成的複雜圓頂結構「蠶絲篷」（Silk Pavilion）；合成生物學家奈特（Tom Knight）組織的國際基因工程機器競賽（iGEM），與贏得2013年大獎的貝當古小組（Team Bettencourt），後者致力於研究肺結核的根治辦法；神經科學家博伊登（Edward Boyden）主導了雄心勃勃的大腦揭祕計畫，他們透過基因改造神經元成功治癒了老鼠的失明，未來這項技術將可以用於治療人類從帕金森氏症到創傷後壓力症候群等許多大腦紊亂病症。

　　本書作者之一的伊藤成長經歷頗為傳奇。他曾兩次從大學退學，做過夜店DJ，經營過一家書店，並參與創建了多家公司。他還是一位風險投資人，投資了Twitter、Kickstarter等著名公司，並擔任索尼、紐約時報集團的董事會成員。

　　創業和投資的經歷讓伊藤對企業組織和管理方式有諸多體會。書中提到的美國線上（AOL）案例尤其讓我印象深刻。

　　2000年，我在美國擔任微軟全球副總裁，旁觀了美國線上

對時代華納（Time Warner）的收購。這在當時是美國乃至世界歷史上最大規模的一次收購。那時正值美國的網路泡沫，股價飛漲，美國線上意氣風發。可是隨著那斯達克股市崩盤和網路泡沫的破滅，網路產業瞬時進入寒冬。合併後的美國線上時代華納公司陷入長期虧損，最終在2009年正式分離。現在，美國線上已經沒落。

　　這件事帶給我思考，在以網際網路為基礎建構的、快速變化的現代世界，企業該如何保持創造力？作者在研究維基百科、Twitter的案例後發現，成功的經營策略是透過網絡將需要的資源吸附過來，而不是將材料和資訊集中儲存起來。這也是我2009年創辦創新工場的理念之一，鼓勵中國的年輕創業者以開放的心態，用「拉力」而非「推力」法則，將優秀的人才和資源組織起來，同時透過持續的迭代和調整，實現低成本的創新。

　　2011年，伊藤被享譽世界的MIT媒體實驗室聘為總監。不少人好奇甚至懷疑，沒有學士學位的伊藤如何能實現如此成就？這本書也給出了答案，祕訣就是自我驅動式學習。

　　伊藤認為，傳統的教育是單向、自上而下的知識傳遞模式，是接受別人教授知識的過程。而一個人只有將學習和自己的興趣、個人關係以及可能追求的機會聯繫起來時，才會學得最好。人們必須培養興趣驅動式、自主式和終身式學習能力，否則將永遠在快速變化的世界中處於劣勢。

　　這和我對人工智慧時代的思考非常相似。在不久後的未來，

簡單的、重複性的工作將被人工智慧取代，現在社會中50%以上的工作會消失。這不是危言聳聽，而是已經在逐步發生的事實。例如，《紐約時報》已經大量使用機器人寫稿，摩根大通即將啟用機器人來進行全球股票演算法交易；機器視覺的進化不可避免的會給保全業造成衝擊；2016年我嘗試採用的智慧投資演算法，獲得了比我私人理財顧問高八倍的收益等等。

　　在與強大人工智慧的競爭中，無論是理工科學的發明，還是人文藝術的創意，人類必須變成創新型學習者，否則將會被「沒有人性」的機器無情取代。

　　更可貴的是，作者在書中主張了多樣性的價值，認為身處在這個極端複雜的時代，多樣性是一種好的管理方式，無論是對雇主還是員工、管理人員還是工作人員，通才將帶來全面的好處，擁有不同背景員工的機構在解決問題時更有優勢。

　　通才的重要性不僅僅局限於商業領域，而是維繫了共同的價值。接納多樣性是每個人都需要持續增強的能力，也是一種隨時讓自己增強「拉力」、每天保持理解和學習新事物的絕佳習慣。回到我和伊藤關於人類未來工作的那場對話，人工智慧會帶給人們比工業革命更為巨大、猛烈的變化，此時，學習和適應能力最強的人，才有可能及早做好準備，為自己找到全新的定位。

前言
從現在開始形塑未來

　　1895年12月28日，巴黎大咖啡館（Grand Café）外萬頭攢動，人們正等著觀賞一場神祕的表演。主辦單位保證，只要花一法郎，就能目睹人類史上首見的「活相片」。對現代人來說，這僅類似於嘉年華會的串場表演，但對19世紀末的巴黎人而言，簡直難以抗拒。那是個尋求感官刺激的年代，降神儀式、弄蛇術、鬥熊、土著戰士、魔術師、環場壁畫、靈媒，這些奇觀和1890年代許多科學發現與工程進展並列頭條新聞。

　　就在幾年前，艾菲爾（Gustave Eiffel）蓋出當時世界最高的建築物，電力使巴黎成為「光之城」，汽車開始在首都寬廣的林蔭大道上超越馬車。工業革命改變了日常，為生活帶來各種新奇與急遽的變化，難怪巴黎人會認為，每天晚上都有可能發生新鮮事，因為事實經常如此。

　　首批欣賞「活相片」的觀眾魚貫步下昏暗狹窄的階梯，進入咖啡館地下室，在排列整齊的摺疊椅上就坐。有個男人站在室內中央升起的平台上，擺弄著一個小木箱。尷尬片刻後，這項裝置

突然發出一道光，射向布幕，映照出一群女性從工廠門口現身的靜止畫面。觀眾覺得稀鬆平常，因為在半數的巴黎市區都能看到人們離開工廠的場景。

隨後，畫面不可思議動了起來，影像活現，女工開始三三兩兩步出工廠，行色匆匆。以今日的標準來看，畫質粗糙得可笑，但在那晚的咖啡館地下室，足以讓人瞠目結舌。觀眾有的鼓掌，有的發笑，有的直視前方呆坐。五十秒後，影片結束。製作史上第一部電影的盧米埃兄弟（Auguste and Louis Lumière），只能在十七公尺長的膠捲中放入這麼多內容，他們把這項發明取名為「電影機」（Cinématographe）。

身為第一批目睹光線轉化成活動影像的人，第一批在螢幕上看到裙襬隨風飄動的人，那是什麼感覺？「你必須身歷其境，才能了解現場有多興奮。」最早的一位放映師回憶：「每一幕變化都伴隨熱烈喝采，六幕後，我打開放映室的燈光，發現觀眾渾身發抖，還有人哭了出來。」[1]

這場奇景很快就被傳開，大咖啡館外人潮聚集，甚至混亂到要出動員警維持秩序。[2]一個月內，盧米埃兄弟拍攝了幾十部五十秒的新影片，節目單整整增加了一倍。1896年春，這對精明的商人與發明家開始在歐洲與美國展示自己的作品。不過，盧米埃兄弟不是因為這項發明而廣為人知，而是因為一部名為「火車進站」（L'Arrivée d'un Train）的電影。應該說，是因為這部電影首映時造成的騷動。

　　你不需要精通法語，也能從片名猜出電影情節。參加首映的觀眾並未收到任何警告，觀看時，誤以為火車就要衝出螢幕，把他們撞得粉身碎骨。滿場觀眾爭先恐後、跌跌撞撞往門口奔逃，放映結束的燈光亮起時，狹窄的樓梯間擠滿了人群。慘烈的程度取決於你參考的版本，也有現代學者質疑此事件的真實性。

　　無論真假，這個故事很快就成為電影史的傳說，成為評論家洛伊佩丁（Martin Loiperdinger）所謂「電影的創始神話」。[3]這則都市傳說顯然發揮了重要的作用，或許能準確傳達人們目睹不可思議事件發生時的異樣感。直截了當的事實不足以形容這種感覺，所以必須創造一個神話來解釋。技術超出我們能夠理解的範圍，而這不是最後一次。

　　人們大概會合理預期，舉世聞名、作品不斷的盧米埃兄弟將變得非常富有，對媒體發展貢獻良多。事實上，他們在1900年便停下腳步。在宣稱「電影是一項沒有前途的發明」後，兩兄弟轉而投入研發沖洗彩色照片的有效方法。

　　最讓人詫異的，不是兩位傑出企業家的嚴重誤判，而是這項聲明在當時看起來確實是個明智的抉擇。邁入20世紀後，盧米埃兄弟所處的領域變得相當擁擠，他們的電影激起無數的模仿者。早期的電影都是從一個角度拍攝單景，沒有左右運鏡，沒有切換鏡頭，劇情也僅限於：某個男人不小心踩到釘耙，釘耙彈起砸中鼻子，引發哄堂大笑。

　　難怪當時的人認為，電影跟其他刺激感官的事物一樣，只要

新鮮感一過，就淪為茶餘飯後的消遣。盧米埃兄弟發明的是播放技術，不是媒體；觀眾看到的是會動的相片，不是電影。

難以預見的未來產業

　　盧米埃兄弟未能充分理解自身發明的價值，一些頗負盛名的發明家、工程師與技術人員也沒有注意到他們工作成果的潛力。有史可鑑，那些最接近核心技術的人，最難預見該技術的最終用途。1844年5月，摩斯推出全球首部商用電信系統，即電報機。他站在美國國會大廈的地下室，向六十公里外的巴爾的摩火車站發出一則訊息，訊息內容引述自《舊約全書》：「神做了何等的大事。」短短幾年，美國各大主要城市都享有這種電信系統帶來的即時通訊；不出十年，第一條橫渡大西洋的電纜正準備鋪設。

　　「神做了何等的大事。」這句話出自〈民數記〉第二十三章二十三節，普遍被認為是用以感激：「看天父為你做的一切！」當時，摩斯想以創造者的名義為美國電報施洗，而所謂創造者，指的是上帝，不是自己。但那天稍晚，他把這段話記錄到紙上為後世留存時，加了一個問號，整句話的意義因此而改變。[4]摩斯向來以信仰虔誠聞名，然而，這個問號使他成為一個更有思想的人物。千百年來，無論信差是誰，訊息從未能走得比馬還快；但是現在，訊息靠著某種宇宙力量快速傳輸，摩斯或其他人如何知道這是怎麼回事？

　　他不知道。摩斯辭世前仍堅信，電信業的下個重要發展將是同時傳輸多條訊息的電纜，而非電話。當貝爾首度展示他的發明時，摩斯嗤之以鼻，認為那不過是電子玩具。數十年後，愛迪生的洞察力也沒比摩斯高明多少。

　　首部留聲機，那台被愛迪生稱為「會說話的機器」上市時，是用來讓商人記錄口述訊息的裝置，名為「愛迪生電話」。多年後，他還是不認為有人會拿來撥放音樂。無師自通的工程師強生（Eldridge R. Johnson）卻意識到留聲機的潛力，認為這將把音樂帶入每個家庭的客廳與餐廳。1901年，強生創立勝利錄音公司（Victor Records），開始和卡魯索（Enrico Caruso）等知名演唱家簽約。愛迪生發明了留聲機，強生則發明了錄音產業，而後者的價值更勝前者。[5]

　　後世難免會嘲笑這類失策者，彷彿愛迪生就像巴斯特基頓（Buster Keaton）所飾演的傻瓜，盲目犯下歷史性的可恥大錯。至於擁有即時通訊系統、掌握龐大資料庫的我們，則能免於發生如此嚴重的預測失誤。但就像來到城市裡的泰山一樣，人們總是無法領會自身創造物品的價值。

　　19世紀末，工廠使用的蒸汽引擎總是被配置在渦輪機的大型中軸周圍。經濟學家保羅・大衛（Paul David）研究最早的電氣化工廠時發現，規劃者依舊把電動馬達集中配置在廠房中央，即便是新建的工廠，仍如此設計，但其實沒有必要。結果，原本應提高生產力的創新，似乎完全沒有產生效用。直至三十年後，管

理人才開始運用電動馬達的靈活性，根據作業流程來配置工廠設施，生產力因而翻倍，有時甚至提高到三倍。[6]

我們所處的年代，也沒能免於這種盲目。1977年，全球首屈一指的電腦公司迪吉多（Digital）總裁歐爾森（Ken Olson）對群眾表示：「任何人都沒有理由在家中擺一台電腦。」[7]整個1980年代，即使微軟和蘋果早就推翻這個論點，他仍如此堅持。2007年，微軟前執行長鮑默（Steve Ballmer）告訴《今日美國》：「iPhone無法在市場占有一席之地。」[8]

典範的版本更新

這些軼事除了讓人覺得有趣、錯愕，其實深富意義。這不是要嘲笑那些作古的美國發明家，而是要提醒我們：我們容易誤判情勢，容易被主流思想所蒙蔽。儘管世界已經發生巨變，我們的大腦構造還是跟古人沒什麼兩樣。那些古人認為，汽車是一時的流行，火是用來取暖、在洞壁產生有趣投影的技術。

本書源於一個信念，即任何時期的人類發展，都會抱持共同的假設與信仰，這裡指的並非見解或意識型態。而在這些假設與信仰下，會有一套觀念，即本質是無意識的，準確來說是前意識的假設：強優於弱；博學勝過無知；天才比異類更受歡迎。把你的見解、你的政治信仰、你對這世界與自身地位的看法，都想像成屋子裡的家具。長期以來，你一直有意識去取得、丟棄、保留

這些東西，並在需要時添置新家具。

　　但我們要談的不是這些，而是談屋子裡的其他東西，即那些支撐你所有意識思想的樑柱結構。換言之，本書不是探討你知道的，而是探討你不知道你已經掌握的事物，並讓你意識到為什麼質疑這些假設會如此重要。

　　法國哲學家傅柯相信，由信仰、成見、規範、習俗所組成的矩陣，構成了左右我們思考與決策的規則，即所謂的「知識域」（episteme）。他認為，可以透過這些思維體系來辨識特定的歷史時期，就像考古學家透過不同時期的陶器來判斷歷史年代一樣。[9] 美國科學哲學家孔恩（Thomas Kuhn）在其經典著作《科學革命的結構》中，稱這種包羅萬象的思維體系為「典範」。[10]

　　孔恩仔細研究數世紀以來科學思想與實務的演進，確認化學或物理學等學科如何接納新思想。他發現，就算是最細心謹慎的科學家，也經常忽視或誤判資料，以維持現行主流典範的「連貫性」，設法解釋那些看起來和科學理論相悖的異常現象。舉例來說，牛頓學派的物理學家會用各種巧妙的手法，試圖辯解與理論不符的天文觀察異象，而那些異象最終讓愛因斯坦提出相對論。這種科學革命的劇變，或孔恩所謂的「典範轉移」出現後，接著會產生一段混亂期，然後，隨著圍繞新典範的新科學共識形成，再度趨於穩定。[11]

　　本書完全避開術語爭論，以滿足那些擁有強烈好奇心的人。1830年代，法國政治思想家托克維爾（Alexis de Tocqueville）

曾試圖找出美國社會奇特與繁榮的根源，並做出或許是當時最完美的詮釋。他指出，美國人具有獨特的「心智習慣」，例如務實的實用主義，這讓他們得以在工業革命中扮演領先角色。

　　每個人的心智習慣不盡相同，卻都有根深柢固的本質。本書雖然會談論到一些複雜的主題，如密碼學、遺傳學、人工智慧，但都有個簡單的前提：科技已經超越當前社會的理解能力，我們現在必須迎頭趕上。

　　我們有幸（或是不幸）生活在這個有趣的年代，高中生能夠使用基因編輯工具創造新的生命形式，人工智慧的進展促使政策制定者思考廣泛的永久性失業問題。強者未必能存活，風險未必要降低，企業也不再是稀有資源的最適組織單位，難怪我們那種形塑於煤炭、鋼鐵與輕鬆繁榮年代的舊心智習慣已經應付不來。

　　這些假設在數位時代已經過時，非但變得毫無用處，還導致嚴重的反效果。後文將提到，我們現行的認知工具箱不足以了解從通訊到戰爭等一切快速變革的深遠含義。本書的使命是為大家提供一些新的工具，我們稱為法則，因為快速變化的未來有一項特點，就是推翻所有如同「規矩」般僵化的事物。

　　這不是件容易的事。我們無法告訴你該思考什麼，因為目前人類與技術在更深層的地方產生脫節，像是典範，我們信仰體系背後的基本假設。本書旨在幫助大家協調這些問題，提供把大腦帶進現代的九大法則，這些法則可以幫助個人與組織去面對一個充滿挑戰與不確定性的未來。

　　有人可能認為，這種深層信仰是與時俱進的，就像昆蟲物種會漸漸演化，以在特定環境中競爭生存。但是，信仰體系的改變似乎不是如此，事實上，生物也不是這樣演化的。這兩者的演進型態是：經過長期的穩定狀態後，出現劇變，導致外部環境快速變化，可能是發生政治革命、出現破壞性新技術，或是新掠奪者進入先前穩定的生態系統。[12]這樣的轉變並不愉快，演化生物學家稱此為「物種形成期」（periods of speciation）。[13]有充分證據顯示，我們正在歷經這樣的轉變，我們的生態系統正發生劇變，假如你不會被即將到來的劇變震倒，那會是極好的體驗。

　　我們提出的這九大法則，並不是如何創立一個網際網路事業的處方，也不是試圖讓你成為更優秀的經理人，雖然，這些法則可能會帶來以上幫助。你可以把這些法則想像成未來世界新系統的操作提示，該系統不是我們過去幾世紀所用版本的簡易更新，而是重大版本更新。跟任何全新的作業系統一樣，我們必須試著去習慣，因為運作邏輯完全不同，此外，新系統也不會有使用者手冊。坦白說，就算開發者發行了使用者手冊，等到你上手，也已經過時。

意想不到的下一件大事

　　我們希望能提供讀者更實用的東西。這些關於新系統邏輯的法則是簡單而有效的指引方針，可以個別理解，但整體效益大於

個別效益總和。這是因為，這套新系統的基礎是構成網路時代核心兩個不可逆的事實：其一是摩爾定律，即數位產品會以指數級速度變得更快、更小、更便宜。[14]其二是網際網路。

當技術革命與資訊革命同時發生，就會釋放出足以改變創新本質的爆炸性力量，能讓創新活動從核心位置（政府與大公司）移轉至邊緣地帶（一名二十三歲的龐克搖滾音樂人，或是生活於日本大阪的電路板技客）。舉例來說，達爾文在二十三歲時擔任英國皇家海軍小獵犬號的植物學家一職，這期間，他檢視蒐集到的樣本時，首度產生「天擇」的概念。接下來，達爾文花了超過三十年的時間蒐集資料以支持這個論點，他的耐心與謹慎讓現代人覺得超脫塵世，猶如獻身於科學方法的修道士。[15]

但是，當時的世界與現在大不相同。達爾文仰賴倫敦雅典娜神廟俱樂部（Athenaeum Club）、大英博物館、皇家學會（Royal Society）等專業組織，與等上數月才能從海外運抵的書籍，獲得的資訊與現代科學家比起來卻只是九牛一毛。當時沒有電話，更遑論網際網路，學術文獻只能傳統郵政系統中取得，這就是維多利亞時期的通訊網絡。那個年代，研究與發現的速度緩慢，重大創新需要可觀的資金，需要付出家產或接受機構贊助，還得應付伴隨而來的種種政治活動。[16]但現在，遺傳學家可以從一個冰核樣本提取足夠的DNA，描繪整個新石器時代生態系統的樣貌，再和全世界學者共同修正這個理論，而這麼做只要花一個暑假。這是對現狀的顛覆，並非輕微的改變。

　　那麼，下一件大事是什麼？這是目前我們經常出現的疑問。連那些生活在更簡單、更慢速時代的祖先都無法回答這個問題，我們回答得了嗎？

　　核融合是人類首屈一指的成就，但也對我們的物種生存帶來前所未見的重大威脅。哈伯製氨法（Haber process）被用來合成化學肥料，提高作物收成，發明者哈伯（Fritz Haber）因為使數十億人免於饑饉而獲得稱頌，這項卓越貢獻也為他贏得了諾貝爾化學獎。但是，哈伯同樣發明了化學戰，還親自在一戰期間監督施放氯氣，導致六萬七千人死亡。[17]安全專家暨未來犯罪研究院（Future Crimes Institute）創辦人古德曼（Marc Goodman）就指出，網路安全技術既被駭客利用，也被人用來防禦駭客。因此他寫道：「火是一種原始技術，可以用來取暖、烹煮食物，或是燒毀隔壁村莊。」[18]

　　其實，技術本身並沒有意義。哈伯另一項研究成果齊克隆B（Zyklon B）只不過是一種氣體，但除了成為有用的殺蟲劑，也在納粹大屠殺中被用來殺死數百萬人。[19]同樣的，核融合不過是一種普通的原子反應，網際網路也不過是一種分解、重組資訊的方式。技術的實際用途，與最終將對社會造成什麼影響，往往是我們最意想不到的。

　　當你讀到本書時，Oculus公司應該已經推出消費者版本的頭戴式虛擬實境裝置Oculus Rift，我們會如何使用這款裝置呢？程式開發者已經在設計運用Oculus Rift進行強烈臨場感的電玩遊

戲，規模達千億美元的色情產業將不會落後太遠。這款裝置也能讓醫生遠距離開刀，或是為那些無法親自到醫院的病患看診。你可以如身歷其境般造訪火星、南極洲，以及那間原本你可能得在沒看過的情況下就購買的丹佛市公寓。但是，人類將如何使用該技術的第二代、第三代或第十代，我們不得而知。

　　演進與創意將來自最讓人意想不到的地方，假如你被要求去找某人發明電話，你大概不會想到去啟聰學校尋查。但是，事後來看，貝爾教授似乎是理想人選。他的母親失聰，妻子也失聰，而他則是研究聲波與振動線方法，為失聰者傳達聲音的先驅。[20]

　　電報如奇蹟般問世後，新事物對整個世紀的衝擊成為常態。從縫紉機到安全別針，從電梯到汽輪機，向前的速度突飛猛進，愈來愈快，然而，技術進展總是超越我們的理解能力。基因工程將消滅癌症，還是變成便宜的大規模毀滅性武器？沒有人知道。如摩爾定律所示，技術將以指數級速度躍進，我們的頭腦，或者說是與機構、公司、政府或其他組織的智慧總和，在其後緩慢的跟進，試圖去理解神或人類究竟做了何等的大事。

　　科幻作家吉布森（William Gibson）曾說：「未來已經來臨，只是尚未流行。」[21]與其說這是一個睿智的觀察，不如說是一個不爭的事實。在本書作者稱為家鄉的波士頓，從生氣盎然的MIT媒體實驗室驅車到河流對岸陷入財務困難的公立小學，雖然費時不多，但兩地境況南轅北轍，彷彿數十載的進步在這麼短的時間就消失殆盡。

　　再回到盧米埃兄弟那振奮人心，卻略顯粗糙的「活相片」，這樣的影片水準持續了將近十年。1903年，原為催眠師、靈媒，但快速投入新媒體的英國創業者史密斯（George Albert Smith）拍攝了一部影片，片中有兩個穿戴整齊的小孩正在餵一隻虛弱的貓咪。這原本只是維多利亞時期中產階級觀眾熟悉的家庭場景，但糟糕的畫質讓人難以看清片中小女孩餵食貓咪的細節，於是，史密斯做了一個新的嘗試。

　　他把攝影機往前推，靠近拍攝對象，直到鏡頭裡只剩下貓咪和小女孩的手。此前的傳統觀點認為，這樣的畫面會讓觀眾產生一種本體論的困惑：那女孩怎麼了？她被切成兩半了嗎？史密斯冒著風險，將該鏡頭剪輯到影片的最後。結果，觀眾反應熱烈，史密斯就這樣發明了特寫鏡頭的拍攝手法。[22]

　　想想看，從第一部影片問世，歷經了八年、數百位製片者、數千部影片後，才終於出現操弄二維空間的新技術。這個簡單的創新為電影史開啟了一段實驗與進步期，但要再等到十二年後的另一部影片，由格里菲斯（David W. Griffith）執導的電影「一個國家的誕生」（Birth of a Nation）推出時，現代觀眾才開始認知到這項技術。[23]由此可見，並非因為缺乏技術，而是因為技術終究只是工具，在被人類的創意賦與生命之前，僅僅是無用、靜態的東西。

指數時代的三大特性

　　對地球絕大部分的歷史來說，改變算是罕見的。生命出現在四十億年前，過了二十八億年才出現性別差異，再過了七億年，出現第一個有腦的生物，再過大約三億五千萬年，第一個兩棲類動物才出現於陸地。事實上，地球上出現複雜生命是相當近期的現象，如果把地球史濃縮成一年，陸地生物大約12月1日開始出現，恐龍到聖誕節過後才會絕跡，原始人在除夕夜當晚11點50分左右開始直立行走，有記錄的歷史始於午夜前的幾奈秒。

　　在那之後，改變的速度還是非常緩慢。我們姑且把前段最後十分鐘當成一年，然而在12月以前，什麼事都沒發生。12月第一週，蘇美人開始煉銅，第一種有記錄的語言大約出現在12月中，基督教在12月23日開始傳播。此時，對多數人而言，生命仍然是短暫的，生活依舊惡劣、殘酷。直至12月31日黎明時，改變速度終於開始加快，大量生產的工業時代來臨。當天上午，道路鋪設鐵軌，人類終於行進得比馬還快了。

　　這一天可真是精采刺激。下午2點左右，抗生素的發明大幅降低嬰兒死亡率，並延長人類壽命。要知道，自1月起，人類從非洲遷徙各地以來，這兩個數字幾乎沒什麼變化。傍晚，飛機繞著地球飛行。晚餐時間，有錢的公司開始購置大型電腦。

　　從這一年來看，經過了三百六十四天，地球才有十億人口的規模，但到晚上7點，已經有三十億人口。午夜前，地球的人口

已經倍增，按照這樣約每八十分鐘增加十億人口的速度，到新年第一天的凌晨2點，人口就會達到地球的容納極限。[24]

直到最近（以上述時間來看，相當於蜂鳥的一次心跳），從旅行、人口成長，到我們現在獲得資訊量的速度，一切都如同癌細胞轉移或細菌擴散般快速，簡單來說，我們進入了指數時代。

2009年刊登於《哈佛商業評論》的一篇文章，稱這個現象為「大轉變」。[25]但是，這個大轉變發生在那晚10點左右，伴隨著兩項革命：網際網路與積體電路。這兩項革命宣告了網路時代的來臨，比以往任何事物更有別於工業時代。

愈來愈明顯的跡象是，網路時代的基本狀態並非僅僅是快速變化，而是恆常變化。從那晚10點開始的幾個世代間，穩定期愈來愈短，顛覆性轉變成新典範的頻率也愈來愈快。[26]遺傳學、人工智慧、製造、運輸與醫療等領域的突破性進展，將加快這種轉變。提出「大轉變」的作者在一篇同樣刊登於《哈佛商業評論》的文章〈新現實：恆常顛覆〉中問道：「以往的轉變型態，在顛覆後會有一段穩定期，但如果這種型態本身也被顛覆了呢？」[27]

假如你從事網路安全或軟體設計工作，那你不必透過書本就能想像，和一個變化速度不斷以倍速成長、彷彿遵循摩爾定律的產業奮戰是什麼感覺。這種量化現象具有質化含義，當晶片變得愈來愈小、速度愈來愈快時，我們就有了穿戴式電腦，用機器人打造機器人，用電腦病毒引發金融恐慌。現在，人腦的移植手術可能成真，你準備好了嗎？請別說：「再等一下！」變化不會管

你是否準備好了。在 20 世紀末的某個時點，變化速度已經超越人類所想。現在是指數時代，而指數時代有三項特性：

一、不對稱性

在類比時代，人類試圖以牛頓物理學控制這個世界，強大的力量只能以同等規模的力量抗衡：勞方抵制資方，而政府約束這兩方（姑且不論是否完善）；大軍擊敗小兵；可口可樂只會擔心百事可樂。即便這些力量會產生衝突，而且往往是慘烈的衝突，但結果總是符合大家所了解的秩序。

但是，短短二十多年間，一切都改變了。一個成員少於美國中西部農業小鎮的恐怖組織崛起，在世界的舞台上與強權對抗，這是最顯著的案例。還有大量其他的案例：駭客小組入侵美國政府機構資料庫，造成嚴重破壞；[28] 紐馬克（Craig Newmark）創立 Craigslist 網站，隻手重創美國新聞業；[29] 2010 年，倫敦的失業操盤手薩勞（Navinder Singh Sarao）在家中電腦安裝詐騙演算法，導致美股「閃電崩盤」，市值蒸發近一兆美元。[30]

如果說這種「小」就是新的「大」，未免過於簡化，但我們無法否認，網際網路與迅速發展的數位科技，創造了公平的競爭領域，可以用於行善、也可以用於做惡。重點不在於這種發展是好或壞，而是不對稱這個事實。無論是經營一家小企業，或領導政府機關的一個部門，或在任何規模的組織擔任任何職務，你都無法忽視這個事實。你不能再假設成本與效益成正比，現實可能

正好相反。如今,最大的威脅來自最小的地方,來自新創公司、詐騙集團、離經叛道者與獨立實驗室。除了應付這些新競爭者,我們還得面對更甚以往的複雜性。

二、複雜性

複雜性,科學家通常稱為複雜系統,絕對不是什麼新鮮事。事實上,複雜系統比智人還早三十多億年出現。動物的免疫反應是複雜系統,蟻群、地球氣候,老鼠腦,任何活細胞錯綜複雜的生物化學,都是複雜系統。還有人為的複雜性,例如氣候,或是水資源的生態,因為人類無意識的干預而變得更加複雜。換句話說,我們或許造成了氣候變遷,但並不代表我們了解這點。

經濟體系有種種複雜性的典型特徵,由遵循少數簡單規則的大量個體所組成。舉例來說,一位經紀人執行賣單,引發一連串相同或相反的連鎖反應,數百萬個類似簡單行動,如買進、賣出或持有,形成市場的自我組織傾向。[31]一群螞蟻可以被視為是「超級個體」,因為蟻群的行為遠遠超出單一螞蟻的能力。許多複雜系統都具有適應性,例如,市場會隨新資訊持續變化,蟻群會對新的機會或威脅做出反應。[32]事實上,一些複雜系統的本質就是處理與產生資訊。[33]

複雜性研究是最具前景的科學探索領域,其本質上是跨學科的,是由物理學家、資訊理論家、生物學家,與其他領域科學家共同探索所有無法以單一學科理解的事物。

複雜性的程度會受四種因素影響：異質性、網絡、互依性、適應力。密西根大學複雜系統研究中心主任佩吉（Scott E. Page）說：「把這些想像成四個音量旋鈕。」曾經，旋鈕全部歸零，即人類生活在同質、孤立的社群，不善於適應快速變化的環境。但從人類悠久的歷史來看，這種狀態並不要緊，像羅馬帝國就經歷過幾世紀的混亂。「近年，我們把這些音量旋鈕全部調到最大的11。」[34]佩吉說：「但不知道結果會是如何。」[35]這種未知，就是指數時代的第三項特性：不確定性。

三、不確定性

讓我們再度回到那個價值連城的問題：下一件大事是什麼？沒有人知道。麥肯錫公司裡那群收費高昂的顧問不知道，隱藏於美國國家安全局高級機密組的分析師不知道，本書作者當然也不知道。如同本書開頭所言，過去幾百年，人類預測未來準確度的表現相當差勁，事實上，最糟糕的莫過於那些專家與未來學家的預測，甚至還不如隨機選擇。[36]

《華爾街日報》長年設有一個專欄，讓選股專家對抗擲飛鏢於股票頁上的隨機選股，結果，飛鏢的表現幾乎總是贏過專家。在過去，預測未來是徒勞的；而現在，世界的複雜性增強，預測未來更加無益。

氣候學家指出，「全球暖化」其實是個誤稱，並非所有地區的氣溫都會上升，許多地區要面對的是極端的天氣事件。[37]這是

因為，大範圍的氣溫上升將導致更多的氣候變化，某些地區變得更乾燥，某些則變得更潮濕，幾乎所有地區都將遭遇更多風暴。全球暖化並非只是全面性氣溫上升，而是大幅度增加了氣候系統的易變性，暖化其實是導致更多氣象產生不確定性的開端。

在人類歷史絕大部分的時期，成功與準確的預測能力有直接關係。一名中世紀的商人所知有限，但如果他能知道萊茵河兩岸普遍發生乾旱，就能預測他的小麥在該地區或許可以賣出最好的價錢。然而，在充滿複雜性的年代，一個意想不到的發展可能在短短幾天內就改變遊戲規則。

本書不僅探討不對稱性、複雜性、不確定性等現象，也試圖提供面對這些現象的處方。如果這樣的未知讓你覺得無知，那也沒關係，事實上，我們已經進入一個承認無知反而有益的年代。比起透過各種委員會、智庫與銷售預測團隊，去預測未來而耗盡資源，承認無知更具競爭優勢。

在未知的前提下，如何改造公司、政府機構、大學科系，或個人職涯規劃呢？這聽起來像是讓人困惑的禪宗公案，不但神祕而且無解。但是，擁有吉布森那樣的思維模式，活在當下卻已經到達未來的人，或許可以為我們提供一些啟示。在軍事、生命科學、科技、新聞媒體等各種領域，已經有人開始創造面對複雜性與不可預測性的組織，而這樣的組織比你想像的還要普遍。

學習勝過教育

MIT媒體實驗室是個得以窺見這種未來心智的好基地，本書所探討的那些法則已經或多或少植入該組織的DNA裡。「媒體」這個名詞一直被廣泛解讀，例如像：「傳播資訊的一種方式」；「藝術家、音樂家、作家使用的材料或形式」；「存在或發展的事物」；「有特殊用途的事物」。[38]

我們的實驗室需要這種定義寬廣的大傘，因為這裡一直都是怪咖雲集的小圈圈，有藝術家創造出新技術，有工程師研究遺傳學，有電腦科學家試圖改革教育制度。這個實驗室的文化，與其說是跨學科，不如說是反學科，教職員與學員往往不只是跨學科通力合作，更探索學科間與學科外的領域。

這種做法，始於實驗室的共同創辦人尼葛洛龐帝（Nicholas Negroponte）。MIT媒體實驗室源於尼葛洛龐帝共同創立的建築機器小組，MIT建築學家運用先進的繪圖電腦，來進行電腦輔助設計（CAD），尼葛洛龐帝和賈伯斯一樣，都預見一個電腦將會成為個人設備的時代。尼葛洛龐帝還預期，未來所有學科將不再有分野，藝術與科學會結合在一起，因此，媒體實驗室的課程被命名為「媒體藝術與科學」。

對尼葛洛龐帝和實驗室而言，幸運的是，這個世界已經能夠接受這樣的想法，實驗室得以推出一種獨特的模式，由一個企業聯盟（其中許多公司彼此是競爭者）贊助，並分享所有研究出的

智慧財產。這為學生、教職員、客座研究員創造了一個高度自由的研究空間，也能讓各方在實驗室裡彼此交流。[39]

　　媒體實驗室早期曾協助發展顯示器、觸控螢幕、虛擬實境、全像投影、使用者介面、感應器、觸覺、學習、個人化機器人、人工智慧、軟體與演算、3D列印與製造等先進技術。1980年代的蘋果公司執行長史考利（John Sculley）曾擔任實驗室的客座委員約十年，他在近年表示：「我們在蘋果公司執行的點子，有許多其實是來自MIT媒體實驗室。」[40]

　　尼葛洛龐帝的許多預想都成為現實。世界變得數位化，電腦讓人們與事物有效、低價、高度的連結。更開放、互聯、複雜的世界，把實驗室推進社群網路、大數據、經濟學、公民、城市、加密貨幣與其他更具體、易近的新領域。網際網路、電腦、數位裝置等，讓這些領域開啟新的想法與方法。

　　與此同時，網際網路與電腦大幅降低發明、分享、協作以及散布的成本，愈來愈多地方都開始出現有趣的工作，這些工作的關聯性也大幅提升。

　　近期，MIT媒體實驗室進入「硬科學」領域，有愈來愈多的計畫與人員開始從事生物學的研究工作。[41]事實證明，實驗室的實用主義與反學科風氣，應用在科學研究時效果驚人。只要有所連結，電腦科學家可自由借助於建築學，建築學家可借助於電機工程學。這表示，這種反學科的思維與方法，可能非常適合這個愈來愈複雜、跨領域、快速變化的世界。

　　在探索人類的科學領域，本於實用主義的反學科方法特別有助益，生物工程與腦認知科學教授博伊登（Edward Boyden）在媒體實驗室領導合成神經生物學小組，有四十五名研究人員，是實驗室裡規模最大的一支團隊。他們不聚焦於臨床研究或理論研究，而是聚焦於可供腦科學家使用的工具，以加深對神經系統的了解。如果沒有借助神經生物學領域以外的專長，這項使命不可能會成功。

　　還記得Palm的掌上型電腦嗎？或是全錄公司（Xerox）忽視帕羅奧多研究中心（PARC）諸多創新的故事？[42]那些導致許多企業與研究實驗室失敗的變遷，MIT媒體實驗室都挺過來了。而這都要歸功於尼葛洛龐帝與其他人，在創辦實驗室時建立的核心價值與原則。儘管這個世界與實驗室歷經許多改變，但核心原則依舊牢固。

　　這些原則彼此重疊或互補，沒有按照重要程度排序。其實，最接近實驗室使命的原則，並未包含在本書探討的九個法則，但你會發現，這項原則貫穿全書的每一章，即「學習勝過教育」。我們認為，學習是你為自己做的事，教育則是別人對你做的事。MIT媒體實驗室的教學精神，主要歸功於瑞斯尼克（Mitchel Resnick），他的導師派普特（Seymour Papert），也協助創立了這個實驗室。

　　瑞斯尼克領導實驗室的終身幼兒園（Lifelong Kindergarten）的研究小組，而他推行的4P創意學習：計畫（projects）、熱

情（passion）、同儕（peers）、玩樂（play），成為本書背後的精神。我們堅信，要讓書中提倡的法則在未來尋找一片實行的沃土，我們的教育制度必須擁抱瑞斯尼克的理念。

　　從很多方面來說，書中的九大法則是我們對 MIT 媒體實驗室核心原則的闡釋，已經成為實驗室的指導原則。而總監的職責是推動並調整實驗室的方向，或者說是生態，因為實驗室其實就是一個自我調適的複雜系統，跟任何凍原或雨林一樣。因此，總監的工作就是照料這塊園地，養育崛起於這個世界的美麗新事物。

　　這也是本書的宗旨。不過我們猜想，這個過程大概會比春日午後的園藝工作更混亂、困難。但這就是我們生活的年代，九大法則將提供一份形塑新世界，並使其欣欣向榮的藍圖。

EMERGENCE OVER AUTHORITY

法則一 群起勝過權威

群眾力量能改寫歷史，也能改寫未來

　　關於知識如何產生與散播，我們曾經有過非常線性的論點：知識源於上帝，以教義形式，或是用更世俗的話來說，以政策，透露給各種神職人員、先知、牧師、神權領袖，再透過古代版本的「中階管理層級」去散播，直到傳給通常不會提出疑問的普羅大眾。

　　這一切聽起來真的非常古老，會讓人想起法老和舊約全書。雖然，該系統後來開始出現裂縫。馬丁・路德（Martin Luther）與激進觀念出現，宗教真理開始崛起於教友社群，而非權力高高在上的教會，但做為產生、組織與散播知識的基本型態，模式上大致不變。

　　現在，那樣的系統正在式微，一個新系統正在崛起。群起的系統並不會取代權威，我們沒有打算自我監督，或是集體去糾正亂無法紀的社區。實際改變的是我們對資訊的基本態度，如資訊的價值，或是在傳達多數人欲望與指揮少數人時所扮演的角色。網際網路在這方面扮演重要角色，不僅為大眾提供發聲管道，也讓大眾能參與過去只有專家與政治人物才能參與的討論、商議與協調。2007年，由業餘人士在部落格撰寫的一個倡議突然可以與當權者抗衡。伊藤穰一當時就在線上撰寫文章預測，網際網路將促成新的政治現象，就像蜜蜂或其他群體生物，新的集體智慧將遠大於任何個體具有的能力。

　　2011年，攪亂中東地區專制政府的阿拉伯之春運動，其特定層面可以看到這種「新興民主」，只是很不幸的，這場運動沒能

在政變外創造出一個新政府。非常有效力、但完全沒有領導人的駭客運動組織匿名者（Anonymous），堪稱新興民主最純粹的展現形式。新興民主是2016年美國總統選舉中的顯著特色，桑德斯或川普並不是「領導」他們的個別運動，而是「搭乘」這些運動，期望選民的集體本我（collective id）最終能夠安全抵岸。

科學作家史蒂芬・強生（Steven Johnson）的著作《群起》（*Emergence*）為民眾介紹許多這類思想，他把新思想的演進比為黏菌。黏菌是一種單細胞生物，這些單細胞會在缺乏食物時集結起來，形成一種超級生物。但黏菌細胞沒有腦，如何知道要這麼做呢？跟土堆裡的螞蟻一樣，黏菌細胞會遵循一些簡單規則，在行經處留下費洛蒙，如果有足夠多的黏菌細胞留下費洛蒙，說：「我好餓！」警訊就會傳送出去，讓許多黏菌細胞在最近的朽木處聚集。

強生在書中指出，思想也是一樣。黏菌一生大部分時間都是獨立存在，不停在周遭環境探尋食物，但是當黏菌細胞開始大量聚集後，集體訊號的強度將引發全然不同的狀態，這並不是單一黏菌細胞的計畫，也不是單一黏菌細胞所能了解的。強生在書中寫道，同樣的現象也發生於思想：「把更多思想引進體系，透過暢銷書出版這些思想，或是設立研究中心探索這些思想，讓這種作用留有更長、更持久的痕跡。不久，該體系就會產生一種相變（phase transition），個人的直覺與執念就會結合，成為千萬人看待世界的新方式。」[1]我們現正處於這種相變，在科學領域，相變

指的是固體突然融化成液體，或是空氣中的濕氣冷卻到足以變成暴雨。

　　當大量的小事物，例如神經元、細菌、人，透過簡單的選擇行為，例如向左或向右、理會或無視、買進或賣出等行動，展現超越單一個體能夠發展的特質時，群起就會發生。蟻群就是一個典型的例子，這種整合生物具有的能力與智慧，遠大於其中每一個體的能力與智慧總和。蟻群會知道何處有食物；何時採取逃避行動；必須出動多少螞蟻去尋覓食物或抵禦攻擊。[2]

　　人腦是另一個出色的群起案例。人類基因組約有兩萬個不同基因，其中三分之一在腦部指揮數百億個神經元的發展。每一個神經元雖然相當複雜，但本身沒有意識，或者說不夠聰明，但當這些神經元連結起來時，就會形成出色的網絡，能力不僅遠大於個別神經元的能力總和，意識力甚至強大到連我們都無法理解。人腦實際上究竟如何運作，仍是我們熱烈討論的問題。但很明顯的是，當能力不強的個體以正確方式連結成一個網絡時，思考與意識就可能崛起。

　　自然界也同樣充滿集體認知流程的其他案例。魚群、鳥群、蝗蟲群，全都是群起特性的表現。生命本身就有一種群起特質，是碳水化合物、脂質、蛋白質與核酸等分子，進行作用後得出的結果。脂質不會向蛋白質說：「我們必須組織起來、結合起來，變成一種名為傑夫，笨拙、禿頂的兩足動物。」脂質只會想儲存能量，或是和其他脂質結合起來形成細胞膜。

　　當然，群起系統並不是什麼新事物，群起系統的研究可遠溯至古希臘。群起並非只是一種自然現象，從一整個城市的角度來看，居住其中的市民就像螞蟻，行腳匆匆做出許多小決策，不會去思考什麼後果，其實，這也是城市如此富有魅力的原因。沒有任何一個人的智慧能指揮紐奧良傍水區的騷動，或東京澀谷區的複雜風格。都市的環形交通仰賴群起，人類通訊的持續演進也是一樣。或許除了莎士比亞，沒有任何一個人能創造出源源不絕的語言創新，然後凝聚成一種語言的種種形式。人類創造出的群起系統中，最明顯的例子是經濟，一個經濟體展現的特性顯然不是任何人能夠控制的。

　　我們往往以為，市場只不過是買方與賣方進行交易的地方，其實，如同經濟學家海耶克（Friedrich Hayek）在1945年發表的一篇文章中所言，市場擁有更重要的貢獻，即蒐集與利用廣布於個人的知識，該文被視為是資訊理論的基礎文獻。海耶克寫道：「社會每個成員只擁有社會全體的一小部分知識……因此每個人並不知道社會運作的絕大部分事實。」他認為，市場是人類為了「征服知識」而意外創造出來的集成機器。[3]

　　海耶克認為，一支股票的價格，是任何時點該公司所有已知資訊的濃縮，再加上對世界相對穩定性的了解。在網際網路問世以前，股市是人類史上最優秀的資訊系統，在我們身處的時代，網際網路讓數十億人獲得了相同於市場的能力，集合大量資訊，並用這些資訊來做出明智決策。[4]由於這世界本身的相對穩定性愈

來愈取決於這數十億人的信心或畏懼，股價與公司本身價值的關聯性也跟著降低，結果造成股價波動危險加劇。

但是，從權威轉向群起，從組織的路線由高高在上、自認為英明的少數人決定，到更多的決策不再由高層所做，而是從大群員工或其他利害關係人那裡群起而出，這種轉變，正在改變許多組織的未來。許多公司原本對這種現象感到害怕與蔑視，現在，也漸漸認知到，群起系統可能導致他們的服務不再被需要。當然，公司也可以善加利用群起系統而大大獲益，我們已經開始看到這種情形。

從《大英百科全書》（權威），轉變為維基百科（群起），即專家的權威集合對比為共益而自我組織的書蟲社群，就是這種相變的一個絕佳案例。《自然》雜誌2005年的一篇研究指出，這兩者的品質不相上下，自那時候起，我們目睹了維基百科的步步高升。[5]維基百科不僅能即時更新資訊，例如一位名人的辭世，或兩個敵對政黨的相互攻訐，還能促進資訊該如何呈現的異議、商議與達成最終共識。

群起改變世界

雖然，在這個仍然充滿權力架構的世界，阿拉伯之春和駭客組織匿名者看起來似乎像是例外，但實際上，這些只不過是一種存在已久現象的個別生動表現。典範、信仰、成見，全都是典型

的群起現象，一個人能夠產生一個突破，但是無法產生我們稱為「知識域」的系統思想，這些知識域崛起自群眾，然而他們當中無人意識到這點。重力這種概念，是牛頓站在伽利略這個巨人的肩膀上發現的，但是科學革命是人類知識論信仰的拆除與重建，即關於我們如何取得知識與如何合理化我們的信仰。簡單來說，就是一套新信條，這些新信條不是任何特定人的思想產物，而是人人的思想產物。

在今日，人們對於群起系統的著迷絕非偶然。我們已經熟知大自然群起特性的演進，這進一步幫助了解我們高度依賴的群起系統。還記得前面提到的螞蟻嗎？兩位史丹佛大學教授最近合作一項研究螞蟻如何尋找食物的計畫，其中一位是電腦科學家，另一位則是生物學家。他們發現，蟻群早在數百萬年前就已經有效發明出 TCP/IP 協定，即資訊在網路傳輸的核心方法。[6]

人類在不知情的情況下，複製了早就存在於大自然的型態，這其實並不罕見。事實上，一些不可簡化的型態，如雪花的碎形曲線，本身有一再重複的傾向，這種傾向就是群起的一項特性。近二十年，我們會用「深深改變」等字眼形容網際網路的成長，例如「徹底的」、「革命性的」新媒體，這並非誇大其詞。網路成長對我們最深層的思考模式有所影響，其架構就是一種由不具任何明顯與線性規律的節點和神經元構成的群起系統，我們不應對此感到驚訝。

生物是原始的群起系統，這個事實不證自明，但在直覺上，

我們也難以理解。我們自然傾向相信，每個奧茲國背後都有一位魔法師，負責指揮各種行動。幾乎每種文化都有關於地球與物種如何誕生的核心故事，認為最初世界只有一個上帝，像是古希臘的蓋亞，或是中國神話中的盤古。

這種核心認知假設，形塑了我們建構世界「知識」的方式。我們相信蟻群遵循牠們女王的命令，相信有某種組織力量在支配世界的高度複雜性，然後把這種根本誤解刻印在社會組織裡，即每一個部落都有領袖，每一家公司都有執行長。直到最近，我們才意識到一個似乎不太合理的解釋：女王的能力並沒有比她最低層級的子民要高。和幾世紀以來抱持的信仰相反，物種的形成，與我們周遭種種生命形式的產生，其背後並沒有一個中央權威在支配指揮。群起勝過權威，這個法則先於其他法則，為其他法則提供基石。如果我們建立反映這個事實的機構與政府，不再強化一個早就確證為錯的謬見呢？事實上，我們已經開始這麼做了，請看看根除結核病的奮鬥情形。

結核桿菌透過空氣裡的分子散播，一個噴嚏可能含有四萬個結核桿菌飛沫，但只要十個結核桿菌就能傳染結核病。結核桿菌寄宿於病患肺部，人體的免疫系統會攻擊結核桿菌，當大部分的菌細胞死亡，頑強的結核桿菌則繼續等待時機。據估計，全球有三分之一人口感染這種疾病，潛伏期達一個月、一年，或終身。但這其中約有10%的情況是，細菌逃離我們免疫系統豎立的保護屏障，快速繁殖，最終占滿肺部，使得半數感染者死亡。[7]

　　歷史跟人類一樣悠久的結核病，直至18世紀才流行起來。[8]在大批結核桿菌宿主遷徙至人口密集的城市貧民窟後，一個噴嚏就能使全家感染。[9]到了1820年，平均每四名歐洲人就有一人被「肺癆」奪走性命。一次大戰後，受惠於衛生條件改善與進步的抗生素問世，這種疾病銳減。到了1985年，美國每十萬人中罹患結核病者不到十人，結核病瀕臨滅絕。[10]

　　但後來，結核桿菌再度智取人類。有時是抗生素施用不當，有時是病患自己忘記完成療程，開發中國家監獄裡罹患結核病的患者有可能未獲充分治療，於是形成真人秀節目「我要活下去」（Survivor）的縮影版本：這些不完全的治療打敗了最弱的結核桿菌，那些以基因突變抵擋抗生素的結核桿菌卻存活下來。這種抗藥菌種成功繁殖了許多具有相同突變的後代。[11]

　　遵循該演化途徑的病原體，並非只有結核病，根據世界衛生組織發布的報告，抗藥性疾病將構成最大的公共衛生危機，世衛組織健康安全司助理司長福田敬二說：「如果利害關係人不趕緊合作，世界將朝向後抗生素時代，過去數十年原本能治療的一般感染病與輕微傷害可能再度致命。」[12]

　　2013年，來自九個歐洲國家的研究人員採取緊急合作行動，他們說：「為打敗一種現代疾病，需要現代武器。」[13]其中一種武器是以新的群起方式來組織研究工作。噬菌體登場，這是一種瞄準細菌的病毒，其形狀像登月艙，有多條細長的腿，如果不是被善良的人使用，可能會如夢魘般困擾著我們。

　　這群歐洲研究人員以這項研究計畫所在地的巴黎機構命名，自稱貝當古小組（Team Bettencourt），他們改造噬菌體，讓噬菌體去做有益的事。噬菌體可將一種蛋白質送入結核桿菌中，該蛋白質能瞄準讓結核桿菌產生抗藥性的基因突變，並剪斷該段具抗藥性的雙螺旋，就像任何一個人在讀完這段句子後就把文字刪除一樣簡單。把結核桿菌的DNA稍做修改，就能再度以一般藥物控制。貝當古小組還展示了一種可以當場診斷此疾病的特殊組織物，對結核病爆發最嚴重的地區非常有幫助。只要改變細菌DNA中的幾段編碼，繁殖力強的人類殺手就能像天花一般被撲滅。

　　可能還要再過幾年，大眾才能獲得貝當古小組的療法，截至目前為止，上述的細胞戰爭僅限於仿效結核桿菌的一種「安全」細菌試管，以及貝當古小組為國際基因工程機器競賽（iGEM）發展出的開創性治療，該團隊大多數研究人員仍是學生。[14]

　　iGEM不是傳統的科學賽事，合成生物學也不是傳統的科學學門，而是創造新基因序來做出具有新特性與功能的活物，例如新型巧克力或是一種能製造抗瘧疾藥的酵母。

　　幫助創立iGRM的前MIT科學家瑞柏格（Randy Rettberg）說：「曾經，科學推進是靠研究小組在實驗室埋頭苦幹，直到產生一些小突破。未來，科學研究工作將不再是這種模式。現在，合成生物學的研究已經不是採行這種模式。」[15]合成生物學群起於開放源碼軟體與維基解密的年代，漸漸變成學生、教授，還有眾多自稱為「生物駭客」的民間科學家以全新模式協作的活動，

群起已經入侵實驗室了。

相較於其他學科，合成生物學目前仍處於初始階段，卻具有能以我們幾乎想像不到方式影響人類的潛力。分子電腦能夠接手矽晶片做不到的事，把一部超級電腦裝在針頭；人類可以被改造成對所有病毒免疫；大腸桿菌可以生成足夠的飛機燃料，來推動一架飛機飛越大西洋。[16]

想像一下，大量蒐集細菌就能滿足全球對化石燃料的饑渴；當你想要奇特的寵物時，當地某個基因改造工廠可能會供應袖珍小象，或是你自己創造一隻。

什麼事都有可能發生

任教於MIT與哈佛大學的遺傳學家邱吉（George Church）說：「我們無法預測一個科學領域的未來。」外界批評邱吉誇大合成生物學領域，例如他提倡讓尼安德塔人和長毛象「去滅絕」（de-extinction）的概念。[17]但親身接觸他本人後，你會覺得他不像煽動者，而是實在論者。

當被問到合成生物學一些較古怪的構想是否太過牽強，邱吉不以為然。他指出，過去也沒人能預料到會出現一種容易、高速的技術，讓我們能描繪人類基因組。邱吉說：「基因定序的價格不斷下滑，並且以六倍於摩爾定律的速度加快。十年前，沒人能預料到會發生這種情形。」[18]

貝當古小組的計畫雖然出色，但大致仍是理論性質，不過，假如有足夠的技術、時間與資金，應該可以創造出能改造結核病的病毒。基因編輯快速被採行，讓實際創造出這種療法的可能性大增，基因編輯如今是世界各地「生物好奇者」（bio-curious）普遍採用的標準作業程序。創造出合成生物學許多方法與工具的邱吉說：「科學現在推進得很快，什麼事都可能在我們有生之年出現，例如……」他臉上露出諷刺的微笑：「某個十三歲小毛頭設計出一種消滅人類的病毒。什麼可能性都有，問題是，我們會為此感到幸運嗎？」

人類正努力轉向全新的發現或促進創新的方法，不只發生在特定科學領域而已。你可以稱其為「平民科學」、「群眾外包」或「開放式創新」，合成生物學崛起的例子顯示，我們很快就會稱其為「標準作業程序」。專長與知識從網際網路等分散式網絡群起而出，使得知識的產生與傳播方式發生構造性的改變，群起時代已經取代權威時代，iGEM等機構不是存在於學科的周邊，而是學科整體的一部分。

傳統系統中，從製造業到政府部門，多數決策由高層做出，組織雖鼓勵員工對產品與方案提出建議，但經理人和其他當權者諮詢專家並決定實行哪些建議。這種流程通常緩慢，包覆在科層制度裡，被保守的程序主義所拖累。

群起系統認為系統中每一個人，都具有能讓團體受益的獨特智慧，當系統中有人做出支持某些構想或計畫的選擇時，他們會

分享這些資訊，或是使用這些資訊來創新。

創新的成本明顯降低，新工具變得容易取得，轉變才可能會發生。便宜實用的3D列印機，讓打造原型變得輕而易舉；以往只有大公司或學術機構才能取得的知識，現在可以透過線上課程軟體或DIYbio這樣的社群找到。DIYbio是民間科學家社群，這些人從事不久前只能在專門實驗室裡進行的基因實驗。[19]

Kickstarter與Indiegogo等群眾募資網站，為小至小型藝術計畫，大至大型消費性家電設備的發展，提供幾乎無摩擦的集資平台，這些都是群起行動的真實案例。此外，群眾募資平台能讓創造者透過一大群潛在顧客來測試他們獨特點子的有效性，例如把水瓶變成超級水槍等等。

這種內建的社會層面，讓群眾募資對那些有創投或其他資金來源的計畫同樣有用處，當然，對於沒有這類資金來源的計畫會更有用處。群眾募資網站的初步成功也向專業投資人發出訊號，讓他們知道哪些創新創業計畫引起大眾共鳴，這麼一來，創新者就有機會取得原本可能遙不可及的創投資金。[20]

有了資本，創新者與創業者就更容易延伸他們的資源，透過群眾外包，可以發現他們忽視的東西。個人與新創事業現在不必雇用大型工程師、設計師與程式設計師團隊，他們可以利用全球的自由接案者與志工社群，提供他們本身欠缺的技能。[21]

免費與低成本的線上社群教育，是另一個導致群起勝過權威的重要元素。其中有制式課程如edX，也有教育網站如可汗學院

（Khan Academy）、自造者與駭客空間提供的動手做教學，與線上或面對面的非正式同儕輔導。人們學習新技能的機會愈多，創新力就愈加增進。[22]

這些進展創造出一種實質的新系統，在系統中，世界各地的人被賦能去學習、設計、發展、參與創造性的違逆行動。不同於權威系統的漸進式改變，群起系統促進非線性創新，能夠對網路時代特有的快速變化做出迅速反應。

合成生物學的挑戰

大智若愚，是傑出科學家未能受到充分賞識的一項因素。1995年秋，MIT資深研究科學家奈特（Tom Knight），發明過電腦運算發展中的幾項重要技術，並且創立一家上市公司，但在9月的某一天，他去上初級生物學的課程，教室裡多半是大二的學生。奈特咯咯笑說：「我猜，他們會納悶這個奇怪的老男人是誰，但我必須向某人學習使用吸量管的基礎知識。」[23]奈特發現一個未來世紀的重要事實：生物學將是未來的重大技術。不過，在當時，他是少數認知到這項事實的人。

此前，奈特取得積體電路設計博士學位，這項技術應用領域廣泛，從汽車、電腦到鬧鐘等等。1990年時，他認知到自己可能活得比矽晶片更長命：「可以預期，到了2014年左右，摩爾定律會到達上限。」晶片的電晶體數量每兩年增加一倍，這現象已經

穩定存在五十多年。奈特說：「但最終，我們可以看到，該現象將撞上物理定律。」換言之，電晶體這種由原子構成的東西，再怎麼縮小，總有個上限。奈特的預測成真了，近年間，摩爾定律開始趨向停滯。

奈特說：「我們一直都透過物理方式在製造半導體，現在，我們必須轉向化學方式。」他發現，世上最好的化學作用發生於細胞層級，他認為，積體電路最有可能的後繼者將會是活細胞：「所以，我決定成為生物學研究所的學生。」

奈特一直覺得生物學非常混亂：「假設，我想，全世界所有工程師都這麼假設，那就是生命實在太複雜了，任何有點理智的人都會雙手一攤，說：『沒搞頭！』」偶然的一個發現，改變了他的想法，有位同事給他一篇生物物理學家莫洛維茲（Harold Morowitz）的文章。[24] 生物中存在啄序，表示「我的生物遠比你的生物複雜」。資金與聲望往往會以相同的權勢等級來分配，但莫洛維茲對真核細胞、多細胞生物或生命形式不怎麼感興趣，他的漫長職涯都在研究地球生命的起源，這指的是研究最簡單的生命形式，即最小的單細胞原核生物黴漿菌（Mycoplasma）。

人類基因組約含有三十二億組鹼基對（base pair，基因碼的最小基本單位），科學已經在基因組定序方面獲得重大進展，但因為內容量太大，我們仍無法了解許多定序的基因組。反觀結核桿菌，只有五十萬組。奈特說：「這大概簡單了三千倍。所以，至少可以欺騙自己，認為你已經知道一切。」

　　1996年夏，奈特參加美國國防部高等研究計畫署（DARPA）舉辦的一場研討會，在會中提議研究他所謂的「細胞電腦運算」（cellular computing），即細胞或許可以被編程去做有用的事，包括接手矽晶片無法做到的工作。不出幾年，奈特已經在任職的MIT電腦科學系建立了實驗室，有培養器、試管、高壓滅菌鍋。奈特笑道：「同事都認為我瘋了。在電腦實驗室裡，有一套神祕的生化設備。」

　　工程師並非只是奈特的職業，而是他的天賦、熱情、修養與信念，他認為，工程師的思維與生物學家不同。「我的生物學家朋友會說：『我們已經研究過所有關於大腸桿菌的東西，為什麼你還要研究呢？』意思是：『我已經學會了我從研究大腸桿菌中想學的東西，其餘都是我不感興趣的芝麻綠豆。』」

　　工程師的思維完全不同。奈特說：「如果你想要學的是複雜的生物學，就沒關係。但如果你想要研究這些簡單的生物系統，想要了解一切，旨在深入其中，能夠修改並以此為基礎，做不同的事，那就是完全不同的角度，需要不同程度的了解，這將有更深遠的含義。」對工程師來說，了解意味的是拆解開來，再組裝回去。

　　1998年，奈特開始研究費氏弧菌（Vibrio fischeri），這是種存在於烏賊體內的發光細菌，烏賊餵給這些細菌糖分與胺基酸，細菌散發剛好和月光等量的光度，讓烏賊在夜間得以隱蔽自己的身體，幾乎不被看見。

　　奈特感興趣的是，這種生物發光是如何觸發？因為費氏弧菌只會在烏賊體內發光。奈特解釋：「這些細菌只分泌少量的特定化學物質，在海洋中，那些化學物質被水流沖走，但在烏賊體內會累積起來，到達一定濃度時，就會開始發光。」換言之，細胞會向彼此發出訊息。奈特想，他可以分離出控制生物發光的基因序，然後以大自然從未想過的方式使用。不過，意圖以控制方法來複製細胞的溝通方式，顯然不容易。

　　奈特已經開始吸引一群志同道合的年輕科學家，此時的兩名同事安迪（Drew Endy）與魏斯（Ron Weiss），日後將對合成生物學的發展做出重要貢獻，也是奈特有時被稱為「合成生物學之父」的原因。跟奈特一樣，安迪與魏斯對於把編程原則應用在遺傳學的前景感到興奮，但他們也跟奈特一樣，不是科班出身的生物學家，安迪原本想成為環境工程師，魏斯是程式設計方面的奇才，在把奈米電腦植入油漆或道路等塑性材料的智能微塵計畫中接觸到生物學。「我想，我們當時都是業餘水準。」奈特笑著說：「但我們學得很快。」

　　在邁入 21 世紀之際，合成生物學是一種理論工程學科，不是實務工程，為數不多但穩定增加中的電腦科學家、工程師與物理學家認知到，合成基因有朝一日會產生革命性應用，不過，當時沒有方法可以證明這個概念。

　　2000 年 1 月，上述情況發生轉變。波士頓大學生物工程學家柯林斯（James Collins）與他的同事證實，可以在大腸桿菌建立

一種「基因開關」，藉由外部訊號，科學家讓一個基因開始轉錄流程。轉錄是基因表現的第一步，把DNA轉錄成RNA，通常會再進一步轉譯成蛋白質。然後，再投過外部訊號，讓細胞停止，就像一個開關，一個存在於細菌裡的開關。[25]

　　同月，《自然》雜誌刊登另一份開創性文獻，科學家設計出一種振盪電路，能夠以有序的間隔產生蛋白質，他們稱為「抑制振盪器」（repressilator），因為這是針對控制不同基因表達的抑制基因。[26]這兩篇文獻展示，可以從無到有地合成出複雜的生物流程。

　　翌年，奈特與魏斯成功設計出費氏弧菌細胞間的溝通方法，也就是說，他們能夠控制費氏弧菌發光。現在，這樣的計畫可以在高中科學實行。奈特說，在生物學領域，這麼做稱不上重大：「但是，在工程上卻是一項重要的基礎發展。生物學家看到我們做的東西，可能會問我們為什麼要做這個？工程師看了，會認為我們在全新的方向邁出兒童學步的重要一步。」

　　不過，要複製這類的實驗極其困難，合成必要基因序列的製造實驗室出現，讓奈特與團隊可以專注於手邊的實驗工作。但是，這些製造實驗室的費用非常昂貴。此外，奈特與他的合作者不想只複製實驗一次，他們想要的是一再複製，且具有任何工程領域期望的一致水準，這意味的是，必須有一套標準化的零組件。

　　他們的構想是，創建一套DNA定序，以執行人們能夠理解的功能，可以用無限種方式組合，就像砌磚。因此，奈特在2003

年發表一篇文章，制定計畫，預計產生一系列基因密碼基石，並稱這些為「生物積木」（BioBricks），蒐集在標準生物組件登記庫中。[27] 啟動子可能會啟動一段DNA的轉錄，砌磚則可能產生一種蛋白質，這些可預測的組件有可預測的功能，也一再展現相同的功能。

生物積木的概念來自兩個不同的源頭，其一是電路設計用的電晶體與電晶體邏輯（TTL）資料手冊，內含幾千種電路元件與功能。奈特解釋：「你可以查詢你的組件，寫下組件編號，叫貨進來，就這麼簡單。」其二是更樸實的源頭：「這是早期的想法，早期的隱喻，喜歡修補的人總愛把東西拆解開來再拼湊，就像玩樂高積木一樣，因此，這個隱喻圍繞這些能再使用的組件，這些你可以拼湊組合的樂高積木。」

你可以說，奈特與他的合作者研究生物學的方式，就像任何工程師可能做的事：把物體拆解開來，找出組件，看看如何重組加以改進。不過，這種觀點忽視了iGEM更遠大的目的，畢竟，建立一座標準化生物積木庫是一項社會工程。就算不是建築師，也能用樂高積木展現形式與空間交叉的獨特視覺。

合成生物學雖然處於嬰兒期，但已經明顯有平等主義願景的痕跡。奈特、安迪與瑞柏格等人不是要創立一門新的科學學科，從一開始，他們的行動就是為合成生物學創造成長的環境條件，讓未預期到的人和觀念不斷推進發展。合成生物學是一項群起的產物，其群起的性質程度更甚於以往任何一個學科領域。

　　曾以MIT媒體實驗室博士班學生身分，參加早期iGEM競賽的年輕科學家姜松（David Sun Kong）說，這並非意外，畢竟，合成生物學肇始於某人的巧克力掉在其他人的花生醬裡。他說：「開路的先驅是土木工程師、電腦科學家與電機工程師。」那些先驅或許不喜歡這種比喻，但是，跟黏菌細胞一樣，合成生物學也是整體大於個別的總和。

　　奈特和其他人把進入門檻降低，鼓勵更多通才的創意者投入這個領域。「我們的基本信念是，生物學應該非常民主，不僅是運作方式、知識，還有了解如何運用。」姜松說，他在MIT附近創立並領導一個藝術、技術與社群組織EMW，這個組織推動的一項方案「街頭生物學」（Street Bio），探討生物工程與街頭的介面，如人、文化與產品，是如何形塑生物學離開實驗室，進入我們的日常生活。「我們的領域有一個相當普遍的信念，那就是生物學，尤其是生物科技太重要了，不能只留給專家。」[28]

　　提議設立一個標準生物組件登記庫，說起來容易，但做起來困難。不同於鋼筋、伺服馬達或積體電路，生物的構成組件沒有標準化，每個生物積木由一個特質已被充分了解的基因序列構成，此基因序列被用來和不同鹼基的核苷酸合成。在當時，很少基因體的特質被了解或確定，甚至是相當簡單的真核生物基因體。奈特與他的合作者需要的，不是在實驗室裡待更多的時間或取得更多資金，他們需要的是一支大軍。很快的，他們建立了這支大軍。

後記：把鐘擺往回推

2003年，部落格於網際網路出現的多年後，我在一群樂觀的部落客協助下，撰寫了一篇關於「新興民主」的文章。我和我的合撰者堅信，這場革命將徹底且快速改善民主的性質。

2010年「阿拉伯之春」爆發時，我們認為當年的預測正確，不過，我們很快就發現，我們創造了群起式推翻政府的工具，但未必能群起出負責任的自治。目睹該地區從樂觀的茉莉花革命，演變成伊斯蘭國（ISIS）的崛起，我們的希望變成失望。

讓人更失望的是，這些工具較常用於封閉的臉書或是推特的簡訊聊天，較少用於通常架設在個人伺服器上那些開放與民主的部落格網路。而遺憾的是，比起做為開放揭露與民主運動的新途徑，網際網路仇恨與冷漠的一面，顯然更能有效運用新社群媒體傳達理想和聲音。

我們的新興民主現正處於憂慮不安的階段，但是，目睹這些現象，反而讓我們這些在十年前抱持高度樂觀展望的人，更下定學心發展工具和動能來實現我們的夢想，以正面的方式使用科技推進民主。

而朝此方向邁進的是，我們已經在MIT媒體實驗室建立一支可擴大規模合作研究小組，由出生於敘利亞的副教授拉旺（Iyad Rahwan）領導。我在為該職務面談拉旺時，他說，他受到新興

民主運動成功與失敗經驗的啟發，致力於創造透過可擴大規模的
合作來推進新民主形式的工具。

　　我期待能與拉旺和其他人同心協力，把鐘擺從另一個方向往
回推，證明網際網路的弧線真的可以彎向正義。

　　　　　　　　　　　　　　　　　　　　　　　　── 伊藤穰一

PULL OVER PUSH

法則二　拉力勝過推力

與其被動承受，不如主動出擊

從地質學來說，太平洋板塊就像短跑選手，每年向西北移動約九公分。日本外海約一百六十公里處，這塊巨大海洋地殼板塊猛撞上移動速度較慢的鄂霍次克板塊，在地質學家稱為「隱沒」的作用過程中，太平洋板塊一部分沉入鄂霍次克板塊下方，形成大量未解的張力。撞上鄂霍次克板塊後，太平洋板塊並不是輕緩向下沉回地函，而是被密度較小的鄂霍次克板塊（大陸板塊）騎到上方，密度較大的太平洋板塊（海洋板塊）隱沒在下方。最終就像音樂盒裡的簧片，每隔千年，鄂霍次克板塊就會彈回原位。

2011年3月11日接近下午3點時，就發生了這樣的回彈，造成芮氏規模9.0級地震，強烈到導致地軸移動，使日本東移，向美國靠近約二百四十公分。地震本身破壞了上百萬棟房屋，道路柔腸寸斷，一座水壩潰堤，但最糟的災情還在後頭。

福島第一核電廠距離震央僅僅約一百七十多公里，工程師在三十秒內感受到初次震波。「突然間，我聽到大地發出隆隆聲，像激烈的咆哮。」核電廠的一名行政經理告訴電視台採訪記者：「那是極為激烈的地震，不僅很強，還持續很久。」就算是普通嚴重的地震，也鮮少持續超過四十秒，這場地震卻長達六分鐘。

跟鄰近絕大多數建物一樣，這座核電廠在最初的幾次震動中失去電力，一組柴油發電機自動啟動，這也意味福島第一核電廠現在是在沒有安全網下運作。該電廠的保全部長稻垣武之與他的團隊在初震過去後，已經立刻關閉反應爐，但爐內的鈾燃料仍將持續高熱多天，必須依靠電力抽取冷水至燃料棒使其冷卻，一旦

沒有電力驅動冷卻系統，水很快就沸騰，將快速引發爐心熔毀。

　　下午3點，初震發生的十五分鐘後，這似乎仍像是極不可能發生的狀況。在日本這樣一個地震猶如家常便飯的國家，福島第一核電廠的設計耐得住地震與海嘯可能導致的衝擊，六個反應爐座落在離海平面約九公尺的高處，外圍還有約十公尺高的海堤。下午3點02分，日本政府的海嘯警報中心預測該地區很快就會有約三公尺高的巨浪。

　　下午3點25分，第一波凌空而降的海嘯襲擊福島，就在福島第一核電廠的六百五十名員工拚命往電廠後方山丘奔跑時，七波巨浪的第一波沖進海堤，某些巨浪高度是海堤高度的將近兩倍。兩名員工在幾分鐘內溺斃，海水淹沒渦輪機、發電機，以及六組反應爐中四組的所有線路，稻垣與他的團隊完全陷入黑暗中，就連初震引發的警報聲都停止，整個控制室陷入嚇人的死寂。沒有電力冷卻燃料棒，爐心熔毀已無可避免。[1]

　　東京電力公司長期認為，任何海嘯高度不可能超過六公尺，這種設想與計畫的悲劇性失敗，受害地區不僅是福島，日本本州東北沿海地區全都抱持著同樣的估計，這項錯誤被深植於平日的緊急應變演習、避難收容所與屏障等建設。日本的海堤、堤防和其他海嘯防護設施，大多興建於1960年智利瓦爾迪維亞地震後，那是記錄史上規模最大的地震，芮氏規模9.5級，二十二小時後，海嘯穿越太平洋，重創日本，浪高四公尺多，導致超過一百五十人死亡。

　　這些預防措施遵循著不容置疑的工業時代邏輯。能產生如此巨大海嘯的地震極為罕見，所謂的黑天鵝事件[2]（即罕見事件，罕見到人們誤以為絕症永遠不會發生在家人身上，市場永遠不會失敗，政府永遠不會被推翻），有可能預先規劃準備嗎？有可能預先規劃準備嗎？事實上，假如調整你的觀察域，你就會發現，日本的海嘯準備工作，眼界僅限於近代史，過去四百年來，日本地區從未發生過芮氏規模大於8.5級的地震，2010年繪製的日本地震活動圖，甚至沒有凸顯該地區。

　　但是，地質學家的參考依據不同於公營事業主管。日本活動斷層與地震研究中心主任岡村行信，2009年告訴東京電力公司，離福島沿岸不遠外海處的隱沒帶，就是西元869年引發災難事件的貞觀地震震址。[3]日本皇室官方記錄記載了貞觀地震，科學家檢視取自附近地區的土壤核心樣本，不僅發現那場地震產生的海嘯高度遠超出東京電力公司的預期，也發現每隔五百到八百年就會發生這樣的地震。[4]由於貞觀地震發生後已經超過一千一百年，岡村告訴東京電力公司，福島沿岸發生地震引發大海嘯的週期時間早就過了，隨時都可能爆發。

　　官方忽視了這個警告，儘管稻垣與他的團隊在海嘯過後留在核電廠英勇奮鬥多週，3月12日，三個反應爐的爐心已經熔毀，排放大量輻射物質至空氣與海洋，成為車諾比事件以來最嚴重的核災。實際的輻射物質排放量有多少，無法立即得知，日本政府撤離核電廠周邊半徑二十公里內的所有居民，約十三萬四千人，

但美國告訴其公民，避免進入半徑八十公里內區域。[5]資源捉襟見肘的日本政府似乎已經對情況失去掌控，接下來幾天，也未能告訴民眾輻射程度，部分是因為根本沒有多少人懂得如何測量。

如同東京電力公司未能對科學家認為遲早會發生的超大規模地震預做準備，日本政府也陷入自身的思維危機。跟網際網路以前時代的多數機構一樣，日本核能安全委員會的管理風格是指揮與控制，來自前線如福島核電廠的資訊必須歷過許多管理階層，層層上報，決策也依循相同路徑，層層下達。

福島核電廠的方法，以及此方法導致的災難性後果，為我們提供兩種不同的決策觀的個案研究探討。這個案的結果是，輻射汙染的測量與分析專長等資源，被「推」到決策者認為最有用的地方，在相安無事時，這種方法的害處充其量是較麻煩、效率較低，但在核子緊急狀況下，就可能釀成毀滅性後果。

不過，數百年來，這是我們擁有的最佳方法，但在邁入網路時代後，有了更好的辦法。人力資源的最佳使用方式，是把他們「拉」到計畫裡。時間點是關鍵，「群起」指的是動員多人解決問題，「拉力」把這概念向前推進一步：只有在最需要的時刻，才使用所需要的。在東京電力公司的主管聽來，這是全然陌生的概念。拉力策略需要透明化，與資訊的雙向進出組織，東京電力公司的組織文化側重最少的資訊揭露，不過，一群來自世界各地的民眾即將向他們示範拉力的重要性。

當群起進化為拉力

日本311地震發生時，伊藤穰一在波士頓的旅館房間受時差影響而輾轉難眠，那天，他為接掌MIT媒體實驗室總監一職歷經一整天的面談。從未取得大學學歷的他，成為這知名學術機構的領導者人選，這是個不尋常的選擇，當然，沒有大學學歷也可能是他的一項吸引力。

尼葛洛龐帝於2000年卸任，MIT聘請在實驗室前身，即建築機器小組時期就與尼葛洛龐帝共事的本德（Walter Bender）暫代實驗室總監一職，本德穩定掌舵至2006年。成功的創業家暨MIT航太科學博士摩斯（Frank Moss）在2006年接棒，此時已經二十歲的實驗室進入尷尬的轉型期，不再是一個能夠靠其傑出創辦人與全體人員的聰穎來運作與維持的激進新創組織，摩斯對於管理複雜、有野心的組織經驗豐富，也很成功，但在執掌媒體實驗室時，他面臨了一連串獨特的挑戰。

新聞工作者認為，網際網路與其後的科技創新潮流，已經使媒體實驗室變得了無新意。許多人覺得，摩斯欠缺尼葛洛龐帝的魅力與遠見，而且聚焦於把這個實驗室經營得更像企業，著眼於增進贊助企業的研究利益，未能點燃以往激發此實驗室的熱情，未能鼓舞實驗室全體人員、資金贊助者與大眾。[6]到了2011年，這個實驗室被認為失去了以往具有強烈文化特質的焦點與優勢。摩斯決定在任期結束後離去，實驗室全體人員決定要找一個能夠

讓實驗室重返創立理念，並在不確定年代領航的掌舵者。

在初步交談以評估伊藤對此職務的興趣後，遴選委員會建議他不要申請，因為他缺乏學術文憑。但遴選委員會探詢了一長串更可能的人選後，請尼葛洛龐帝再回頭詢問伊藤是否仍對此職務感興趣。經過多通電話聯繫，幾天後，伊藤搭機前往波士頓。

凌晨 2 點左右，伊藤屈服於時差，起身開啟筆記型電腦。他那天真的很疲累，連續九場面談，對象是美國最傑出的科學家、藝術家與設計師，讓他暈眩、緊張，一整天下來，亢奮加上時差，伊藤清醒得睡不著。打開電子郵件信箱，顯然發生了可怕大事，收件匣塞滿訊息，都是焦急詢問關於地震與海嘯，最讓人困惑的是核電廠爆炸一事。伊藤立刻打開旅館房間的電視機，快速了解這場災難的嚴重程度。

接下來幾個小時在模糊不明中過去，日本大部分地區的網際網路似乎仍然順暢，但是行動電話不通，伊藤首先嘗試打電話給東京市郊家中的妻子，該地區安然度過地震與海嘯，損壞或傷亡輕微，但他的老家在離福島核電廠不遠的沿海地區。

波士頓這晚過去，早晨在大風大雨中到來，伊藤未能聯絡上他的妻子，當天在媒體實驗室還有十三場面談。他利用各場面談間的片刻空檔，透過電子郵件、線上聊天室與 Skype 電話來追蹤親友。一整天下來，可得知兩個事實：其一，伊藤關愛的所有人都安然無恙；其二，他現在是最有望接掌這個實驗室的人選，但他沒有多少時間去思考職涯前景。

地震襲擊當時，所有身在海外的日本人都有種倖存者的內疚不安感，伊藤的廣大飛行常客朋友熱議的一個話題是，返回地震過後交通陷於一片混亂的日本，或是留在身處當地做能做的事，何者幫助較大？大家很快就聚焦到一個讓人不安的疑問上：究竟有多少輻射物質外洩、排放與飄散至何處？東京電力公司與日本政府仍遵循過時且最終自我挫敗的劇本，幾乎未發布任何資訊。伊藤與友人決定自行研擬因應計畫。

幾天內，一群志工與顧問從線上的交談中崛起，這些人形成後來創立的輻射監測網站Safecast的核心骨幹。[7]他們的首要行動是盡可能取得愈多檢測輻射量的蓋氏計數器，生產蓋氏計數器的International Medcom共同創辦人暨執行長賽斯（Dan Sythe）提供了一些，日本蒙尼克斯證券公司（Monex Securities）常務董事法蘭肯（Pieter Franken）、伊藤、與曾和伊藤與東京的數位車庫公司（Digital Garage）攜手舉辦研討會的洛杉磯創業者波納（Sean Bonner），全都試圖購買更多的蓋氏計數器。但是，海嘯發生後的二十四小時後，已經幾乎不可能找到這種器材，部分是因為加州與華盛頓州的居民憂心輻射物質會飄散至美國西岸。[8]

該團隊如果想取得足夠的蓋氏計數器，以正確解讀出受影響地區的輻射量，就勢必得要自行製造。波納提供與東京駭客空間（Tokyo Hacker Space）和克里斯・王（Chris Wang）接洽的人脈管道，人稱「秋葉」（Akiba）的克里斯，目前在慶應義塾大學網際網路研究實驗室當研究員，是Freaklabs的創辦人。伊

藤多年的好朋友、擁有MIT電機工程博士學位的硬體高手黃欣國（Andrew "bunnie" Huang）也加入這個行列。[9]對華人硬體產業如數家珍的黃欣國最廣為人知的事蹟，是使用逆向工程修改Xbox，開發Chumby（一種開放源碼的網路硬體設備），幫世界各地的人設計硬體、韌體與軟體。[10]

　　四月中，團隊成員抵達福島，一週後開始測量輻射量。他們很快發現，同一條街道兩邊測出的輻射量可能大不相同，但廣大地區的測量數字可以用來平均。約六個月後，該團隊發現，一些撤離居民被送往的社區，當地輻射量比他們原居住社區的輻射量更高，日本政府測量的數據大多使用直升機在空中測量，似乎比志工測量的數據更不準確。

　　團隊既然已經開始蒐集資訊，就需要一個傳播資訊的方法。北卡羅萊納州的工程師哈斯拉（Aaron Huslage）介紹伊藤認識阿瓦雷斯（Marcelino Alvarez），後者位於奧勒岡州波特蘭市的網路與行動公司Uncorked Studios建立了一個匯集輻射量數據，並繪製分布圖的網站。Lotus Notes開發者、前微軟首席軟體架構工程師奧茲（Raymond Ozzie）志願貢獻其資料分析專長，他把「Safecast」這個名稱與網址移交給這項計畫，同時建議把蓋氏計數器安裝在車上，可以比手持方式能更快速蒐集到更多資料。波納、法蘭肯與東京駭客空間的一支團隊，開始設計與打造一種新型的蓋氏計數器bGeigie，可以裝在便當盒大小的容器裡，內含一個GPS接收器。

　　這下，萬事具備，除了在群眾募資平台Kickstarter上募集到近三萬七千美元，還有來自霍夫曼（Reid Hoffman）、數位車庫公司與騎士基金會（Knight Foundation）的贊助，Safecast開始部署蓋氏計數器，蒐集日本民間科學家提供的資料。截至2016年3月，這項計畫已經蒐集了超過五千萬筆資料點，全都在創用CC（Creative Commons）「公眾領域貢獻宣告」下提供無償使用。世界各地的研究人員，不僅使用Safecast資料庫來了解福島第一核電廠的輻射外洩擴散情況，也用來了解平常各環境中的輻射物質量，這些資訊，讓科學家和大眾在萬一發生其他核子事故時，有一個實用的參考基準。[11]

應需求而生的力量

　　Safecast的案例，顯示一種明顯更有效率的智慧資本與實物資本組織方式：在需要時，從參與者的人脈中拉進資源，而不是在平日儲存物質與資訊。對既有廠商的經理人來說，拉力策略有助於降低成本，增加應對快速變化環境的靈活性，最重要的是，可以重新思考工作的執行方式，激發創造力。

　　對於有好點子，並且有熱情去為好點子找到受眾的創業者來說，拉力策略可能是左右成敗的關鍵。一如群起勝過權威，拉力策略利用新通訊、打造原型、募集資金與學習新方法等，來降低創新成本。

　　所謂的「推力」或「拉力」策略，源起於物流與供應鏈管理領域，管理顧問約翰・海格爾（John Hagel）與前全錄公司首席科學家約翰・希利・布朗（John Seely Brown）在 2005 年撰寫的一系列文章，把這概念廣泛應用於其他領域。在硬體產業，拉力策略的潛力尤其顯著，因為拉力模式能夠明顯改變整個供應鏈，根據拉力的邏輯，直到需求出現前，都不應該有供給。[12]

　　在網際網路創造出的無序世界裡，從靈活的角度來看，資產負債表上的資產，從印刷機到程式，現在已經變成了負債。我們現在應該試著只在需要時才使用能被即時利用的資源，使用完就放手，不去持有這些資源。亞馬遜公司有九個龐大的伺服器群，讓顧客可以完全根據需求租用其中一個伺服器群的某塊小角落。亞馬遜雲端上某個網站的流量可能暴增，然後快速下降，系統會自動根據流量做出調整。[13]

　　套用科技專家溫伯格（David Weinberger）所言，網際網路打從一開始，就是「由小部件鬆散組成的」。[14]這與傳統的企業模式不同，各種針對特定需要而提供產品與服務的利基型組織，在線上誕生繁榮。這些組織形成了一種複雜的生態系，倚賴開放標準與協同工作能力，而不是從中央由上而下的控管。

　　誠如品克（Daniel Pink）在 TEDGlobal 的演講「談叫人意想不到的激勵科學」中提到，微軟以推力的方式花大錢請專家來撰寫百科全書《Encarta》以失敗收場，而維基百科以業餘者主導的拉力式平台卻大大成功，主要就是因為推力與拉力模式的差別。[15]後

者的環境中，沒有個人或組織控管網路，僅建立在一個擁有「大致共識與程式碼運行」的平台上，這也是網際網路工程工作小組（IETF）奉行的箴言。IETF本身就是一個寬鬆的組織，旨在解決伴隨網路問世而出現的工程問題。[16]美國線上等公司早期採行較傳統的事業運作模式，在這種環境下陷入困境，反觀推特則是欣欣向榮。

　　美國線上的早期模式是推力，試圖供應顧客多種類的服務，並且控制他們的造訪網站的管道，由於產品往往與網際網路標準不相容，實際上等於把顧客鎖進圍牆花園裡。後來，該公司終於意識到，這種強推模式違反網路的固有特質，或可說是違反網路的DNA。只是，對公司股東來說，這意識來得太遲或不夠充分。

　　暴雪娛樂（Blizzard Entertainment）等線上遊戲公司很早就擁抱拉力策略，而暴雪娛樂公司更是快速把這項策略轉化成巨大優勢。該公司把遊戲玩家和粉絲社群當成是組織的一部分，事實上，許多玩家後來都變成公司的員工，玩家產生的點子也被納入遊戲裡，遊戲程式開發師常對外分享開發的遊戲內部設計，甚至讓粉絲可以使用有版權的內容，去創作影片或其他衍生性產品。在這類系統中，你很難看出公司與顧客間的分界。

　　拉力策略並不是只適用於部件或人力，也適用於財務資本。Kickstarter讓人們可以用遠比傳統募資方法更敏捷、更易於引起反應的方式來募集他們需要的資金。根據群眾募資的發展來看，亞馬遜網路服務的背後邏輯，即分散式運算分工，也可用於集成

財務資本。人們對於群眾募資平台，多半會以為那是沒把握的新產品用來募集資金的管道，但Experiment.com的案例顯示，相同方法也能被用來為重大的科學研究募集資金。[17]

除了群眾募資，群眾外包平台也為獨立創作者提供擴展他們資源的平價選擇，新創事業或個人不再需要雇用大隊的工程師、設計師與程式設計師，他們可以從全球的自由業者與志工社群，借助他們本身欠缺的技能。這當然也跟群起系統有關，因為沒有任何原理獨立存在，全都相輔相成。

Safecast計畫顯示，在快速變化的環境下，本著開放軟體與硬體運動精神的志工團隊，能夠建造出比政府提供的官方工具更準確、更實用的工具。他們也能夠為受影響的社區民眾提供可據以行動的資料，讓他們能夠照料自己和鄰居，並且激發他們設立基金會，幫助世界各地的人。

Safecast能夠如此快速動員，要歸因於使用社群媒體和其他線上工具，幫助志同道合的創新者，建立能夠提供知識、鼓勵與其他無形資源的社群。這些擴大網絡也能夠幫助找到工具、工作空間與製造廠，進一步降低創新成本，讓新點子與新計畫可以在沒有中央權威的指揮下崛起。

許多這類計畫，同樣受惠於現代的原型打造技術與供應鏈，就像已經發生於軟體領域的快速、低成本創新，這些技術也開始在硬體領域發展，這讓獨立創造者得以發展幾年前做不到的先進消費性產品。伴隨此趨勢的加速發展，我們可以預期看到由小型

新創事業與個人發明者創造出來的更多創新硬體。

　　隨著創新成本的持續降低，以往被有權有勢者排擠或漠視的社群將能夠自我組織，成為社會與政府部門的活躍參與者。群起的創新文化，將使人們對彼此與其他世界產生所有權與責任感，比政策與法律制定者，他們更能創造出更持久的改變。

數位創新的兩面

　　當多數人說自己不擅長數學時，我們的意思稍稍不同於魯賓（Jeremy Rubin）的意思。2016年畢業於MIT，取得電機工程與電腦科學學位的魯賓，喜歡玩滑板，和改變我們稱為「貨幣」的交易媒介。高中時，他用一個週末的時間做了大約一整個學期的數學習題。「我覺得自己對數字沒有天賦，因此，很擔心自己跟不上別人。」他解釋：「這麼做的一個重要啟示是用功，你真的想學什麼的話，就強迫自己坐下來，認真學習。」[18]

　　2013年秋，魯賓大二時，除了在學校修的五門課，他和一些朋友共同創立了與比特幣有關的公司Tidbit。他們的計畫引起了一些創投家的注意，那些創投家一直圍繞MIT等大學打轉，希望能夠搭上有望成為下一場盛事的創新行動，魯賓回憶，那些都是善意的關注，但讓仍然在學的他疲憊且工作過荷。

　　更糟糕的還在後頭。12月9日早上，魯賓的信箱裡擠進一封厚厚的淺黃色馬尼拉紙信封，裡頭有紐澤西州檢察官發出的傳票

與訊問，調查關於Tidbit的源碼、相關的比特幣帳戶，以及其他與Tidbit公司有關的資訊，包括「你違反資安以及（或是）未經授權入侵電腦的所有相關文件」。[19]魯賓心想，期末考週一開始就收到這東西，真不是個好兆頭。

和許多其他的新數位點子一樣，Tidbit源於駭客松活動，是年輕樂觀加上截止期限壓力下猛灌紅牛（Red Bull）等溫和提神飲料後得出的產物。這場一年一度的Node Knockout駭客松只有一項規定，即所有參賽作品必須使用Javascript伺服器Node.js撰寫，並在四十八小時內完成。

魯賓與朋友在這四十八小時創造出來的東西，顯證拉力勝過推力，以及這兩種文化間的衝突仍然被大大誤解。從他們的例子也可以看出，為何學生難以預期到他們的創意會引發當局盛怒，就如同當局難以想像，一套軟體程式可以讓人們選擇騰出電腦的部分運算處理能力，供比特幣採擴工使用，以換取一種現代奢侈品，即免於遭受討人厭的網路廣告騷擾。

跟本書提倡的其他法則一樣，「拉力勝過推力」更像是一種直覺，而非概念。Tidbit聰明利用比特幣的一項基本特性：貨幣本身是使用者創造出來的，這些開採比特幣的礦工，使用他們的電腦去記錄發生在區塊鏈上的每一筆比特幣交易，以獲取比特幣做為酬勞。採礦工作所牽涉的數學複雜度極高，需要龐大的電腦運算力。例如，在中國，有許多巨大的伺服器群什麼事都不做，只做一件事：二十四小時日夜不停去開採比特幣。

　　愛玩滑板，穿褪色Ｔ恤與斜紋棉布短褲，魯賓的模樣與MIT許多大學生類似，他們其中很多是有抱負的程式設計師、科學家與創業者，但魯賓與朋友設計的作品中內含激進的智慧，其激進程度並非每個人都能認同。跟所有優秀的駭客一樣，魯賓與朋友首先辨識出一個現存的問題：新聞媒體的原事業模式，即廣告，在線上行不通。這個問題可以用他們感興趣的技術來解決。

　　他們想出的解決方案是，與其把愈來愈多且讓人感冒的廣告強行加於讀者，不如讓他們把電腦多餘不用的中央處理器運算力捐獻出來，換取免受廣告騷擾的空間。不論他們停留在某個網站上多久，他們的電腦都能被用來執行開採比特幣的一些困難數學運算工作。那場駭客松競賽結束時，魯賓與團隊不僅展示出這種構想背後的基本商業邏輯，還設計一套漂亮的應用程式，讓網站可以安裝並實現前述概念。一旦讀者選擇接受這項交換，一切將發生於背後，讀者甚至不知道他們的電腦已經被網站用於比特幣採礦工作。

　　那年的Node Knockout駭客松，把創新首獎頒給魯賓與他的團隊。雖然並未解決新聞媒體史最大的危機，但其創新方法引起創投家的注意，他們打算設立一家責任有限公司，有何不可呢？Tidbit絕非第一家從駭客松衍生出來的年輕創新公司。

　　可是，紐澤西州的傳票來了，檢察官並未明確指控魯賓或Tidbit任何罪名，但傳票上使用的文字，可能牽涉到該州的電腦詐欺法，有些刑罰相當重。2012年，該州指控舉辦電玩比賽的

E-Sports Entertainment公司在防作弊軟體中內建惡意程式，導致約一萬四千名用戶的電腦在不知情的狀況下被駭入，變成虛擬的比特幣採礦工。E-Sports 一案最終庭外和解，公司業主承認參與這場內建惡意程式的計謀。

電子前線基金會（Electronic Frontier Foundation）在2014年1月，決定涉入魯賓一案，為其提供辯護。一方面，Tidbit的軟體在理論上確實可以被用於比特幣採礦；但另一方面，如同魯賓所言，這必須經過使用者的選擇，同意加入此方案。更重要的是，魯賓與電子前線基金會指出，Tidbit的程式從未正式投入運作，只是一個「概念證明」，證明能在一個受限環境中運作。但是，紐澤西州檢察官的調查聲稱，他們已經發現Tidbit程式偷偷駭入三部該州居民的電腦，用他們的電腦來開採比特幣。因此，魯賓在大二與大三時，經常擔心自己會不會因為一項既不是出於欺詐目的，也沒有實際投入運作的計畫而遭到起訴。

比特幣的崛起

科學家與發明人往往太過樂意對一項重要發現或發明居功，因此，在自動櫃員機後最重要金融創新究竟出自何人手中，至今仍不得而知，這事顯得格外令人費解。這項創新得回溯到2008年11年1日，自稱「中本聰」的某人（或某個團隊）在一個網站的密碼學郵寄清單上發表一篇文章，標題為〈比特幣：一種點對點

電子現金系統〉。[20]

　　中本聰在該文前言寫道：「我在建立一種新的電子現金制，是完全點對點、沒有受信託的第三方……其主要特性是：用一個點對點網路來防止雙重支付的問題，不需要鑄幣廠或受信託的第三方，參與者可以匿名，新幣是透過雜湊現金（Hashcash）形式的工作量證明（POW）產生。用工作量證明來產生新幣，也可以啟動網路來防止雙重支付問題。」如果你不是密碼學家，大概對這些東西一頭霧水，所以，請看下文的詳細說明。

　　首先，不同於許多其他的技術創新，比特幣值得大書特書。比特幣能夠讓數十億人擺脫貧窮，把現代的銀行體系變成古物，神奇創造出非實體貨幣的一種貨幣。比特幣本身也可能會崩潰，成為益智問答遊戲的一個解答。此外，比特幣值得注意的第二個原因，也是更為重要的理由，就是讓這種數位貨幣可行的技術：區塊鏈（blockchain）。區塊鏈技術的牽連與應用遠超過未來的貨幣與金融服務，我們預測，這項技術可能改變個人與機構間的關係，對權威的性質帶來徹底革命。

　　簡單來說，比特幣的區塊鏈，就是記錄每一筆比特幣交易的公共帳本。比特幣與區塊鏈的重要性在於其架構，結構基礎原理是：網路將拉進必要資源來執行整合與維護，不需由中央指揮者去推動這些資源給組織。

　　中本聰的那篇比特幣文章，描述了一種去中心化的電子支付方法，完全不涉及第三方，沒有中央銀行發行貨幣，不需要中介

機構為交易提供保證，網路本身就提供人們期望的貨幣保障。為確保每一個比特幣的完整獨特性，使用者不能把比特幣拿來重複用於一筆以上的購買交易，所有交易細節將對整個網路廣播，被記錄於公共帳本，即區塊鏈上。

如果中本聰構思的制度是交由個人去記錄這些交易，那麼，他那篇有關比特幣的文章將只是密碼學記錄史中一篇默默無聞的文獻。然而，他的構思是利用人們的利欲心。

為創立可行的貨幣，中本聰必須創造人為的稀有性，比特幣必須有限，否則，其價值就會如同1920年代的德國馬克。黃金具有天然的稀有性，美元則是人為的，因為美國財政部控制其供給量。中本聰決定用另一種機制來創造比特幣的稀有性：必須透過可觀的電腦運算工作來挖掘每一個比特幣。實際上，每個比特幣都是一長串的數位簽章，創造新比特幣的工作涉及把每一筆交易記錄到區塊上，這些區塊再以每小時六個的速度加到區塊鏈上。這些「工作量證明」的數學公式，非常容易驗證一筆交易的有效性，但幾乎不可能偽造任何交易，這是因為，每一筆比特幣交易都包含「雜湊值」（hash），即每一筆交易的認證數值。

由於比特幣的總量有限，以當前協定數量來說，上限是兩千一百萬個比特幣，而且，區塊的創造速度相當穩定，因此，每個區塊創造出的比特幣必然與時遞減。也就是說，這個制度的設計是，用來驗證交易的工作量證明將變得愈來愈難，挖掘新比特幣的工作也變得愈來愈難。區塊鏈創造出的比特幣數量大約每四

年減半，因此，初期比特幣的採礦作業相當容易，使用個人電腦就能進行區塊鏈驗證工作，現在的挖掘就困難多了，礦工必須使用專業、高級的伺服器群來執行工作。2014 年末，中國的六個礦場合計每秒鐘產生 8 petahash 的電腦運算力，某個月創造出四千零五十個比特幣，而這不過只占全球比特幣採礦作業的 3%，可見比特幣市場成長迅速。[21]

　　事實上，本書付梓之際，比特幣發生第二次減半，即每秒鐘產生的比特幣數量減少一半。第一次減半前夕，一個比特幣約值十二美元，數月後，其價值已經增加近二十倍。*第一次減半前，外界出現各種推測：投機者預期，供給量減少將導致比特幣價格突然上漲；賽局理論家擔心，礦工將激烈競爭減半前較容易挖掘到的比特幣，或是在減半後完全關閉機器，不再從事採礦工作；許多比特幣使用者則是根本不知道比特幣的經濟政策，因此沒有任何預期。

　　第一次減半實際發生時，大致相安無事。考慮比特幣經濟的複雜性，我們不會在此嘗試預測未來，但要指出的是，未來每隔幾年還會發生一次減半，在所有比特幣被挖掘出來前，總共還有六十四次減半要發生。或換個方式來說，還有六十四次的機會，可以去辯論比特幣減半將如何影響比特幣生態系。

＊ 譯注：比特幣第一次減半發生於美國時間 2012 年 11 月 28 日，2013 年 4 月 10 日
　　創下幣值新高，一個比特幣值二百六十六美元；第二次減半發生於 2016 年 7 月 8 日。

　　比特幣的去中心化設計不是仰賴中央銀行與政府當局，而是電腦中央處理器與密碼的運算能力，這構想顯然是源自於中本聰不信任傳統的金融交易。他在一篇敘述制度的文章寫道：「傳統貨幣的根本問題在於，需要信任，一切才能運作。人們必須信任中央銀行不會將貨幣貶值，但是法定貨幣史充斥著破壞這種信任的情事。人們必須信任銀行會妥善保管我們的錢，然而，銀行在信用泡沫中把那些錢轉借出去，只保留了一小部分的準備金。」2009年1月3日，中本聰創造出比特幣系統第一個區塊時，在那個創世區塊上留下一句話：「2009年1月3日，財政大臣處於對銀行業者提供二次紓困的邊緣。」這句話，或許也隱含了他創造這種加密貨幣的動機。[22]

　　在產生五十個比特幣的創世區塊誕生後的幾天，中本聰推出開放源碼比特幣軟體平台的第一個版本，正式啟動比特幣的金融系統。網際網路資安權威卡明斯基（Dan Kaminsky）指出，這個用C++語言撰寫的軟體平台幾乎無懈可擊，他在2011年接受《紐約客》採訪時說：「剛開始檢視這程式時，我深信我能夠破解，不可能整個都已經格式化，那太不可思議了，只有這世上最偏執、最仔細的編程者，才有可能避免犯錯。」可是，每當他以為自己找到這程式中的一個漏洞時，他發現，中本聰已經修補了這個漏洞：「我曾發現美麗的錯誤，但每當我再追查下去，就發現這個問題已經被解決。」[23]

　　把信任與權威交給網路，名副其實的點對點解決方案，取代

銀行或政府，中本聰在我們的社會發展中建立一個新的里程碑。把一個曾經是那麼複雜的體系變得如此高雅簡明，他創造了一件近乎藝術品的事物。

魯賓建立的Tidbit也有同工異曲之妙，讓我們擺脫討人厭的網路廣告，賦與第四權一個穩固的經濟基礎。兩者都認為，組織與分配資源的最佳方法是創造一個誘人的主張，如「自己賺錢」或「取得無廣告的新聞」，讓人們組成複雜且深度連結的網絡，由這些網絡去執行所有工作。這概念背離數百年來的組織思維，因此，紐澤西州首席檢察官辦公室完全不了解Tidbit意圖的運作方式，或許是情有可原。

紐澤西州檢察官在2015年5月同意撤銷傳票，條件是要魯賓承諾繼續守法，但他其實從未違反過那些法律。公民媒體學者暨魯賓在MIT媒體實驗室的指導老師祖克曼（Ethan Zuckerman）對此事件做出以下評論：「姑且不論是否可以用電腦的運算力來換取移除廣告的權利，紐澤西州已發出聲明，任何試圖徵召用戶電腦來挖掘比特幣的技術，縱使用戶同意這種交換，他們都可能嚴厲打擊。」[24]

另一方面，魯賓陷入了一個新爭議的核心。中本聰或許已經解決數位貨幣所面臨的許多技術障礙，但面對人性的問題，他就沒轍了。比特幣社群分裂成兩派，表面上是針對區塊鏈中每一個區塊的大小，產生意見分歧。實際上，分歧同樣涉及去中心化和治理的核心議題，凸顯無領導組織的一大缺陷。魯賓牽涉在這場

分裂中，他指出：「兩邊陣營都指責對方試圖掌控比特幣，問題是，兩邊都有他們的道理，如果任何一邊贏了，很可能發生對此貨幣發展而言最糟糕的情形，比特幣應該屬於人人，而非一小群局內人。」

從核心移轉至邊緣

311地震過了近一個月，日本政府仍未能公布福島第一核電廠爐心熔毀導致外洩的輻射量數據，坊間傳聞，有一個DIY輻射監測志工網絡已經開始在網際網路上運作。4月25日，伊藤穰一和設計師、創業家，以及軟體與硬體駭客組成的一支核心團隊在東京會面，集思廣益，那天會議結束時，他們已經建立日後成為Safecast的雛型。

就如同Safecast使用拉力來吸引該計畫需要的智慧資本，其創辦人也同樣使用拉力來吸引財務資本，他們在Kickstarter群眾募資平台上，為Safecast募集到超過原定目標三萬三千美元的資金，購買並發送蓋氏計數器。

還記得美國線上的案例嗎？與推特相較，後者讓用戶蒐集資訊並建立關係，惠及整個網絡，這些關係再衍生出各種網絡，讓參與者能夠和廣泛的人們與知識源頭交流。約翰·希利·布朗在其2010年出版的《拉力，讓好事更靠近》一書中闡釋，只要公司願意採行不同的思考，就能發現這類網絡的自然效率，他也在該

書中倡導拉力策略。[25]

　　一個堅實的關係網絡將包含弱連結與強連結。社會學家格蘭諾維特（Mark Granovetter）在1973年發表的開創性文獻〈弱連結的力量〉中指出，弱連結，即朋友的朋友，具有連通社群的潛力，能夠在泛泛之交或完全不相識的人中間建立信任與關聯感。[26]因此，擁有廣泛弱連結的人有更多機會從人脈中拉進資源，誠如作家葛拉威爾（Malcolm Gladwell）所言：「我們最大的創意與資訊源頭是我們的泛泛之交，不是我們的深交。」[27]

　　不過，我們的靈感雖可能來自我們的弱連結，對我們的表現影響最大的，還是我們的強連結。由迪芒裘伊（Yves-Alexandre de Montjoye）領導的MIT媒體實驗室與丹麥科技大學研究人員發現，當團隊在競爭環境下解決複雜問題時，其成敗最重要的預測因子是團隊成員間的關係強度。[28]

　　對於危險或革命性社會運動參與者而言，強連結也很重要。史丹佛大學社會學家麥亞當（Doug McAdam）的研究發現，在1964年的「自由之夏」志工運動中，那些和其他志工有堅實個人關係的志工，更可能不顧人身威脅與平日所受的恫嚇，堅定續留於美國南方。[29]有研究指出，相同型態也呈現於包括阿拉伯之春運動在內的其他社會運動中，參與者或許是受到弱連結號召而加入政治行動，但促使他們續留於運動中的是他們的強連結。

　　推特與臉書之類的線上交流平台能否形成強連結，葛拉威爾和其他人對此抱持懷疑，但格蘭諾維特在不久前，引用加州

大學洛杉磯分校學者史里尼瓦森（Ramesh Srinivasan）和費許（Adam Fish）的研究說明，線上社群網路可能有助於維繫不同地區的人或政治信念分歧者間的強連結。[30] 史里尼瓦森和費許在2007年發現，吉爾吉斯共和國的運動人士使用社群媒體平台，和世界各地的同情網絡通訊，形成跨國界的強連結。[31] MIT公民媒體中心主任祖克曼也指出，不同於格蘭諾維特研究的那些地方性社區人脈，這類國際人脈可能包含了也能夠連通社群的強連結，隨著人脈擴大，你將會有更多可以動用的資源。[32]

　　Safecast的故事例示這種動能。在人類學家米德（Margaret Mead）的那個年代，或許如她所言，僅僅「一小群有思想與堅定信念的人」能夠改變世界。[33] 但Safecast不是那一小群有堅定信念者的產物，其誕生靠的是這群人寬鬆連結延伸出的廣大網絡，Safecast很快壯大成一項強而有力的公民科學行動。與其說是伊藤和兩位朋友間的電子郵件通信發起了這場運動，不如說那些通信只是用來點火的火柴。運動的許多參與者是他們所屬領域的專家，他們的投入並未獲得任何外在報酬，但為大眾健康與安全做出貢獻，給他們帶來內在的滿足感，誠如品克所言，比起外在激勵因子，內在報酬產生更高水準的激勵與表現。[34]

　　這就是拉力勝過推力的所在，利用現代通訊技術與日益降低的創新成本，把力量從核心轉移至邊緣，促成機緣的發現，也為創新者提供挖掘自我熱情的機會。最重要的是，這不僅讓人們找到他們需要的東西，也讓人們發現他們不知道自己需要的東西。

後記：機緣不是靠僥倖

從小，我周遭的人都告訴我要專注、專注、專注。我很擅長超專注，但不擅長持續專注，事事都讓我感興趣。結果，我總是落得事事關注，我的周邊視野發展過度。

當約翰‧希利‧布朗第一次跟我談「拉力勝過推力」的概念後，我重新審視自己的思維。如本章所述，世界正在改變，我們不再屯積資源與資訊，不再掌控所有、規劃一切，而是將訊息與指示由權力核心移轉至邊緣。如今，創新發生於邊緣，視需要而拉進資源。簡單來說，這世界正從「存量」變成「流量」。

我試著對我想去的地方建立一個大致軌道，但我也試著擁抱機緣，讓我的人脈提供必要資源，把任何隨機事件轉變成有高度價值的事件。我擁抱格蘭諾維特其「弱連結力量」的理論：提供最大價值的，往往是那些你的平常圈子外的關係。

但機緣不是靠僥倖，機緣是結合以下要素：創造人脈；創造充滿弱連結的環境；有能夠切換的周邊視野；有足夠的熱情吸引並鼓勵互動。

當尋菇者或其他人，從事需要高度敏銳的周邊視野活動時，他們必須變得非常留意並臨在當下，讓他們的心與眼去覺察我們平常會過濾掉的型態與動靜，這樣，才能看到菇，或是任何原本未能認知到的機會。

　　生活中，為察覺與掌握機緣，最需要的能力是在周邊視野的專注與執行模式間切換，但接下來的重點是，把那些「幸運」的事件轉變成實際的機會。

　　問題是，傳統教育制度與大部分商業訓練，鼓勵與獎酬的是專注與執行，這將限制我們成為「夢想家」的機會。我們所受的教育與訓練太側重解決已知的問題，不夠重視想像與探索。

　　在「拉力勝過推力」的世界，你必須有充分的洞察力，必須臨在當下，也必須透過探索與好奇心，發展出寬廣的網絡。你要有廣泛的興趣，有能力對崛起的機會與威脅做出快速反應。僅僅聚焦於過去或未來，將會使你的視野過於狹隘，導致你較不能對改變、機會與威脅做出反應。從很多方面來說，這就像禪或武術的訓練，既需要專注，也需要寬闊開明的心胸。

—— 伊藤穰一

法則三　羅盤勝過地圖

在無法預測的年代，決定方向比決定目的地更可行

「請告訴我，我該選哪一條路呢？」愛麗絲問。

「那得看妳想去哪啊！」柴郡貓說。

「我不是很在乎去哪裡。」愛麗絲說。

「這樣的話，走哪條路都無所謂。」柴郡貓說。

「只要能到達某個地方就行了。」愛麗絲補充解釋。

「噢！只要走得夠久，一定會到達某個地方。」柴郡貓說。

—— 路易士・卡羅，《愛麗絲夢遊仙境》

　　居住於紐約市郊的男孩札克（Zack），把演算法則當成一種羅盤，能夠看出這世界許多事物背後隱藏的型態，這是他在幾年前發展出來的能力，而這種能力，已經成為21世紀的組織原理：我們生活中的許多事物，無論是特殊的或尋常的事物，都遵循一套左右行為的指令。按下閃光信號燈的按鈕就會亮，再按就變得更亮；等個五秒鐘，不再按就不亮了。當一個小孩得知，人能夠把意圖轉變成邏輯，而這邏輯，無論多複雜都可以被分析、檢驗與了解時，這時，要不就是這小孩對神奇的相信終結，要不就是這小孩獲得了一個發現，端看如何解讀。

　　札克的父親席格（David Siegel）說：「這相當明顯，不論檢視什麼，他都想了解背後的演算法則。」[1]他說，當札克開始使用Scratch，一款給孩童的程式設計入門軟體後，很快成為班上的IT男孩，電腦系統疑難雜症排解者，老師的電子白板。

　　實際上，席格本人也有看出演算法則的本領，跟兒子一樣，他總是去辨識人類行為背後的演算法則，而且把這些洞察應用於全球金融市場這個複雜獨特的體系，藉此賺大錢。不同於兒子的是，席格有億萬財產可以檢驗他的理論。

　　自普林斯頓大學畢業後，席格進入MIT研習電腦科學，於1991年取得博士學位後，進入新成立的金融服務商德劭公司（D. E. Shaw & Co.）工作。德劭公司的創辦人是哥倫比亞大學電腦科學家大衛‧蕭（David Shaw），他使用他的量化分析訓練，在股市的混亂噪音中找出訊號。與另一位避險基金業傳奇人物西蒙斯（James Simons）一樣，開創量化分析投資時代，使用複雜的數學模型來快速分析與執行交易。

　　這些基金雇用的不是商學院的畢業生，而是雇用物理學家、電腦工程師與數學家，這些量化分析師非常神祕，甚至到了偏執的地步，他們堅決隱藏他們的數學公式。[2]這類金融公司的風格更像矽谷的科技公司，不像華爾街的公司，事實上，他們也自稱科技公司。

　　亞馬遜公司創辦人貝佐斯（Jeff Bezos）和擁有史丹佛統計學博士學位的數學奇才歐佛戴克（John Overdeck）都曾任職德劭公司。[3]歐佛戴克後來加入貝佐斯的新創事業亞馬遜，據說，亞馬遜網站上即時告訴顧客「如果你喜歡那項商品，猜想你可能也會喜歡這項商品」的訊息背後，那些很複雜且很賺錢的演算法就是他設計的。

2001年，歐佛戴克和席格共同創立量化分析投資公司，名為兩西投資（Two Sigma Investments），他們並未揭露其投資報酬率，但是在華爾街的投資銀行紛紛裁員與縮減營運規模時，兩西投資公司的規模卻逆勢成長。

緣於量化分析師的性格特質，兩西投資公司的辦公室文化不像金融服務業，反倒像舊金山的新創事業。根據報導，描繪一個週五早上出現在該公司的情景：一群穿著連帽衫和開襟牛津襯衫的年輕男性吃著煙燻鮭魚貝果，在公司大廳裡到處閒晃，一位排隊領取卡布奇諾咖啡的男子說，這是週五早上的傳統。2013年，兩西投資公司雇用的軟體與資料專家總數多於分析師、交易員與投資資產管理經理人。[4]

席格不僅把技術當成賺錢的工具，電腦科學是他持久不變的熱情，在工作上花很多時間分析資料與編程，下班回到位於威斯特徹斯特郡的家中，與家人共處一段時間後，每天睡前最後幾個小時，他總是投入於最喜愛的嗜好：分析資料與設計更多程式。札克六歲時宣布，他也想學電腦編程，席格開心露出微笑，說：「好，來看看要怎麼做！」

在本書探討的九個法則當中，「羅盤勝過地圖」最有可能被誤解。這個法則的道理其實非常簡單明瞭：地圖包含地形的詳細知識，與現有的最適路徑；羅盤是更有彈性的工具，需要使用者具備創意和自主，去發現自己的路徑。捨地圖而取羅盤，這決定緣於一項認知：在變化愈來愈快、愈來愈無法預測的世界，一份

詳細的地圖可能會讓你花費高昂的成本走入森林，但一個好羅盤總是能夠帶你前往必須去的地方。

這並非指你應該在展開旅程時，完全不知道前往何處；而是指你應該了解到，雖然，前往目的地的路徑可能很不平坦，比起沿著預先規劃的路徑跋山涉水，用羅盤將使你更快速、更有效率到達目的地。捨地圖而取羅盤，讓你探索不同路徑，善用繞道，發現意料之外的寶藏。

這些因素，讓MIT媒體實驗室長期奉行「羅盤勝過地圖」這項指引方針，實驗室向來重視在學科與學科間空白領域起舞的研究。例如，奧斯曼（Neri Oxman）領導的介導物質（Mediated Matter）小組研究設計了一個由超過六千隻蠶繭吐絲築成的圓頂「蠶絲篷」（Silk Pavilion），該項計畫一開始是在數位構造物與生物構造物這兩個領域間跨界探索。[5]隨著計畫演進，奧斯曼與團隊發展出一個他們稱為「CNSilk」的系統，使用一部電腦數值控制（CNC）機器人來規劃一張絲網，指引蠶的移動路線，模仿延伸蠶用薄絲創造出3D蠶繭的能力。[6]該「蠶絲篷」的圓頂建築形狀是事先規劃的，但整個結構表面是透過蠶的自然行動群起而成，固定的CNC架構和有機生成並覆蓋其上的蠶絲間，經常出現意想不到的、有時是混亂的互作用，構成了一個混合結構。紐約藝術與設計博物館長在接受《大都會》（Metropolis）雜誌訪談時說，「蠶絲篷」是2013年最重要的一項藝術計畫。[7]

「蠶絲篷」的發展過程也例示，一個好羅盤能夠指引反學科研

究的發展軌跡。在這個案例，一份詳細的地圖很可能未能考慮蠶的複雜行為，牠們對於光線變化與擁擠程度等環境狀況會做出反應，因此需要採用尊重牠們生命週期的彈性因應方法。若沒有羅盤航向的指引，最終可能產生的是糾纏成一堆的蠶絲與線路，而不是受到國際肯定的設計與工程作品。

「羅盤勝過地圖」這個法則，除了讓創新者能夠探索與掌控機緣性的發現，幫助學習者找到途徑全面了解困難主題，也可以幫助個人和公司快速因應假設與環境的改變。在碰到路障時，持有好羅盤的創新者能夠繞過障礙，而不是返回流程的開頭，重新規劃地圖，這不僅使他們得以更快改變方向，也為他們節省研擬多計畫以因應多種可能情況所花費的時間與成本，更何況，他們可能未能預料到一些偶發狀況。

法則並不是要為你規劃朝往特定目的地的路徑，羅盤才是。羅盤能指引你前往創新之路，無論你選擇的是什麼領域。

理想與現實間的橋梁

美國是非常聰明的國家，但有時也可能笨到不行。美國不斷產生革命性的技術進步，創造出許多新的就業機會，但是從近年糟糕的教育統計數字來看，不禁令人懷疑，這個國家能否培育出夠多具備必要技能而足以勝任這些新工作的人才。

經濟合作發展組織（OECD）每三年對世上最富有的六十五

個國家的十五歲孩童進行閱讀、科學與數學測驗，2009年的測驗中，二十三個國家的基礎數學能力測驗得分高於美國；2012年的測驗中，基礎數學能力測驗得分高於美國的國家有三十五個，其中包括西班牙、愛爾蘭、及俄羅斯。[8]

史丹佛大學經濟學家漢努薛克（Eric Hanushek）說：「改進我們孩子的教育，對經濟有莫大的牽連影響性。」在與其他學者合撰，發表於2011年的一篇文獻〈來自全球的挑戰：美國學生做好競爭的準備嗎？〉中，漢努薛克指出，未能把美國的數學測驗成績提升至其他國家（例如中國）的目前水準，已經使美國經濟年成長率低了一個百分點，大約是一年一兆美元的代價。[9]趨勢線展望，看起來更糟。

多年來，有才幹的教育改革者一直致力於謀求改變，他們的努力獲致有限但令人鼓舞的進展，不幸的是，那些可能是不正確的進展。「知識就是力量計畫」（KIPP）創立於1994年，現在在全美最弱勢的社區設有一百八十三所公立特許學校。在一般公立學校失敗的社區，這些KIPP學校成效斐然，他們側重紀律，留校時間更長，並持續加強數學、讀寫，與家庭作業。數學政策研究公司（Mathematica Policy Research）在2013年所做的一項研究調查發現，KIPP學校學生的平均數學能力比同儕超前十一個月，平均科學能力比同儕超前十四個月。[10]

最近再度出現了一個全國性創新，名為「跨州共同核心課程標準」（CCSS），約四十五個州已經開始實施由全美州長協會訂

定的教育標準，也推出一系列標準化測驗來評量學生的學習。[11]
但是，愈來愈多各領域專家異口同聲指出，問題在於，當我們在
修理我們的老舊道奇車引擎時，其他國家正在研究新的陸行艇冷
核融合引擎呢！舉例來說，芬蘭不舉行任何的標準化測驗，也沒
有什麼共同課程，讓個別教師近乎完全自主。[12]

　　曾經擔任KIPP執行長的漢米爾頓（Scott Hamilton）表示：
「問題是，我們試圖解決的不是正確的危機。前幾年，我完成過一
些了不起的事。」他說：「我推動KIPP成長，幫助為美國而教計
畫（Teach for America）壯大成四倍，這些都讓我感到欣慰，也
高興自己參與其中。重點是，過去幾十年，我們對每個小孩的平
均支出增加了一倍，但未見成效。」[13]

　　漢米爾頓相信，教更難的「跨州共同核心課程標準」，不會
使美國的學校變得更好，他說他們正錯失良機。他目前在執行名
為「Circumventure」的行動，使用焦點團體座談會、實地試驗
與訪談等，了解家長和孩子真正想從學校獲得什麼。過去一年，
他花了很多時間旅行全國各地，和兩千多位家長與學生交談。他
說：「我獲得的了解是，他們其實有強烈的學習興趣，但對學校
裡多數課程興趣缺缺。換言之，學習與學校間的關聯性很低。」

　　漢米爾頓說：「一個女孩問我，她想成為服裝設計師，為何
要學代數？我不知該怎麼回答。」他打電話給聚焦於教育領域的
認知科學家威靈罕（Dan Willingham），問他為什麼高中生要學
代數，畢竟生活中極少用到代數。「首先，因為代數對人腦而言

猶如體操鍛鍊。」威靈罕告訴他，然後繼續說明更重要的原因：「代數教我們的腦袋如何把抽象思考應用於實物。」也就是說，代數是理想的柏拉圖世界，與我們生活的真實雜亂世界間的一座橋梁，不只是學生，我們所有人都需要那座橋梁。

漢米爾頓茅塞頓開：重要的不是代數，而是橋梁。抽象思考很重要，是我們可用於航行世界的羅盤。「所以，我們是否使用最佳方法來教導代數呢？」他問：「如果有別種更有趣、更學生導向的教學方法，我相信學生會大排長龍。」

有的，確實有這樣的應用程式。

跟一個特定世代的許多程式設計師一樣，席格對於孩提時代使用電腦輔助教學程式語言Logo的情形記憶猶新。祖父級教育用程式語言Logo很簡單，但很實用，套用該語言已故創造者派普特（Seymour Papert）的話，這種程式語言有「低矮的天花板」，即容易學，還有瑞斯尼克所謂「寬廣的圍牆」，即孩子可以用來創造無限的東西。不過，那是幾十年前的東西了，席格心想，經過三十年的爆炸性進步，我們這個時代的小孩與最先進技術間的介面是否應該已經大大推進？

席格說：「我們發現一種簡單的小程式，可說是Logo的變化版本，但我看得出來，那做得不是很好。我繼續尋找打聽，最後發現了Scratch。」

針對八到十四歲年紀設計的Scratch，看起來完全不像Logo，但有著與Logo相同的DNA。Scratch的指令是用簡單英語

寫的，還分類成鮮豔顏色的積木程式模件，可以像樂高積木那樣拼湊，易於使用、彩色、有趣，設計得迷人，而不是嚇人。

Scratch的基本邏輯（變數、條件）雖來自電腦編程，但看不到任何一條傳統的程式，札克的父親對此不以為意：「別忘了，他當時才小一，從沒想過程式是什麼樣子。我向他展示了幾步，但過沒多久，他就自己撰寫小遊戲了。」

2012年春，札克小三下學期，已經玩Scratch兩年了，興趣絲毫未減。席格說：「何不寫個Scratch版本的猜字遊戲？」一天後，札克就完成了。札克同時發現了這套程式高人氣背後真正的引擎：全球各地的小孩社群，他們交流建議、評論，還支持一種名為「混搭」（Remix）的特殊Scratch功能，並分享他們創作的源碼。

札克在線上得知，其他的Scratch玩家將前往MIT校園參加Scratch Day活動，便要求父親載他去波士頓參加活動，席格工作忙碌，但當然還是答應了：「我能怎麼說，向他說不嗎？」

於是，5月一個暖和的週六早上，父子來到MIT媒體實驗室六樓，看到其他數百名年輕的Scratch迷，在各個工作站和展示區奔來走去。第五屆的Sratch Day籌辦得像嘉年華會，豎立一整面牆專門用來做為Scratch設計的塗鴉，有尋寶遊戲，有記者團到處跑來跑去採訪，有建造和編程機器人計畫，當天活動最後，還有展示說明會。最引人注意的就是這場活動在孩子間產生的互通，席格回憶：「這分常具有鼓舞作用，札克能看到，喜歡編程的小

孩並非只有他。」

接近活動開始時，一位瘦高、一臉灰白銀色捲鬍的男士步上講台，歡迎來賓。席格很驚訝，他認識這位男士，他是席格1980年代末期就讀MIT電腦科學研究所時的同事瑞斯尼克。那天節目漸進尾聲時，席格前去向瑞斯尼克自我介紹。他告訴瑞斯尼克：「你幫了我很大的忙，我想向你致謝，你用難以想像的傑出方法啟發了我的孩子。」

瑞斯尼克露出微笑，禮貌性點點頭，但他沒有和席格敘舊，而是彎身和札克說話，問札克喜歡用Scratch做什麼，如何和社群互動，最喜歡Scratch什麼，想看到Scratch做出什麼改進。「我比較關注札克。」瑞斯尼克回憶道：「這個平台充滿多樣性，因此，我總是對各種途徑與吸引孩子的東西感興趣。」

開車回紐約的路上，席格決定對Scratch做出財務貢獻，他心想：「這是個非營利的平台，我可以捐錢給他們使用。」但接著，他又產生一個想法：也許他能做的，不只是捐錢。

應用，不然就完蛋

1864年，一位有進取心的機械師賽勒斯（William Sellers）發送一篇文獻給富蘭克林研究所（Franklin Institute）的發明人同事，他建議所有螺絲應該有一個扁平的頭，螺紋應該以六十度角傾斜。美國政府後來採用了「賽勒斯螺紋」（Sellers Thread），

鐵路局也跟進採行該標準。這項簡單的提議，即把最平凡不過的工業元件標準化，啟發了可互換式零件的發展。[14]MIT合成生物學家奈特說：「賽勒斯幫助激發第二次工業革命，標準化對於創造過程的重要性，再怎麼強調都不為過。發明家做的是發明工作，他可不想為他螺絲的紋路傷腦筋。」

奈特、安迪與魏斯等人正陷入困境，2004年時，MIT與其他機構的科學家已經展示合成簡單基因序的能力，魏斯甚至建造出一部生物電腦的雛型，為奈特以DNA分子取代矽元素的原始願景注入新活力。在任何與奈特從事相同工作的科學家看來，他們已經快完成從孟德爾到華生與克里克，到遺傳學現代紀元的圓圈。

但是，主流科學圈對此抱持懷疑，或者，更糟的是，他們完全不去注意這些研究突破。奈特、安迪與魏斯所提出的東西遠非只是對細胞DNA做小動作的基因工程而已，他們所做的是現今被稱為合成生物學的東西，是從無到有建造DNA序列。當時，生物學家認為他們是業餘者，工程師則認為他們是瘋子，對於這些把電路板擺在一旁，換上培養器與離心機的程式設計師來說，那是相當孤獨的一段期間。

奈特認為，問題癥結在於欠缺組件。前一年，他已經撰寫一篇文章，提議建立一個「生物積木」制，就像樂高積木的組件那樣，可用於合成生物學。[15]不過，他和安迪當時仍然在精修提議標準，他說：「在當時，很少人理解這概念，這讓我們很沮喪，我們想建立一個有活力、有志於朝往相同方向的社群。為了建立

標準與賦能技術，我們嘗試建立一些領導。」

蛋白質是維持生命絕大多數運作所需的活力分子，現在有能用來合成蛋白質的生物積木；啟動子是DNA上的某一區，啟動DNA序列的其他部分進行轉錄，現在有能用來合成啟動子的生物積木。生物積木猶如奈米級的樂高積木組，把一個生物積木和另一個生物積木接合起來，很快，你就能創造出星球上全新的一種生命形式。這是生物的模組化，如果你覺得這聽起來像是一群「電腦宅」在實驗室工作台搞細胞培養，那就離事實不遠了。實際上，合成生物學並不是生物學家創造出來的，誠如奈特所言：「一切有趣的東西都發生於一個領域和另一個領域交匯處。」

很巧的是，就在奈特推動的生物積木庫即將起飛時，朝向「開放式生物學」的運動漸漸開始形成，這運動有部分是受到開放源碼軟體運動的啟發。在一場電腦科學家的集會中，擁有電腦科學和語言學學位的博學者派特森（Meredith Patterson）在眾人面前展示如何純化一束DNA。[16]強烈提倡開放式生物學運動的寇威爾（Mac Cowell）說：「我認為大家都很震驚，那是一場軟體與硬體技客的集會，在場沒有人想過，生物學可以做為電腦科學的一個實驗領域。」[17]

到了2008年，紐約、倫敦、舊金山已經出現「社群生物實驗室」，參與者大多彼此認識，一種清楚闡明的精神崛起，寇威爾形容此精神為：「不造成傷害，為共益而努力。」基因排序成本以六倍於摩爾定律的速度降低，由凡特（Craig Venter）主持的

私人出資人類基因組計畫，據估計花費二十五萬美元。[18]聯邦資助的人類基因組計畫花費了二十七億美元，這當中包含行政管理及其他費用。[19]到本書出版之際，任何人只要花一千美元就能排序自己的基因組。建立生物積木庫的目的是讓科學家有組件塊可以進行實驗與研究，就像給小孩積木，看他建造一棟房子、一隻恐龍或一條香蕉。

　　但是，欠缺標準延緩了這個新興的合成生物學領域的成長，涉入該領域的每一位研究人員彷彿都使用不同螺紋的螺絲，哈佛大學遺傳學家邱吉說：「一個領域只有在出現繞其生長的社群時，才能開始有所進展。」

　　在無法勸誘一些大學科學家，來探索這個生物學與工程學的交叉領域下，後來創立iGEM的奈特、安迪與魏斯轉而招募另一群人，即大學生。MIT的冬季學期開始於二月，這所大學有一像悠久傳統：一月是自由活動月，期間一項活動項目是讓教職員、學生，甚至無關的外界人士開設各種有趣的課程。[20]

　　2003年1月，奈特等人開設了一門合成生物學課，奈特說：「我們教他們如何設計生物系統，我們的構想是，建造像細菌那樣展現振盪行為、能像是交通號誌般開啟與關閉的系統。」停頓了一下，他嘲諷道：「我想，我們這麼做，還滿天真的。」他們當時只有一些最基本的工具，以及奈特已經創造出的少數生物積木，因此，學生根本無法創造出任何像基因體迴路的東西。

　　但這些授課者並不以為意，安迪事後說：「我們不知道如何

設計生物系統，不知道如何做的東西，當然不會教，因此，學生會幫我們想辦法。」他們真的幫上忙，為安迪與奈特現在稱為標準生物組件登記庫的生物積木庫增加了新元件。這使奈特受到鼓舞，在那年夏天再度教這門課，有關這課程的消息開始散播，不僅MIT的學生知道了，學術圈也聽聞了。2003年秋季，美國國家科學基金會（National Science Foundation）的一位計畫主任找上奈特，她告訴奈特：「我今年有一些多餘的經費，我喜歡你正在做的東西。我們想幫助你做更多，你有沒有考慮過和其他大學舉辦競賽？」

翌年夏天，MIT舉辦第一屆iGEM競賽，參賽隊伍除了一支本校的學生團隊，另四隊來自波士頓大學、加州理工學院、普林斯頓大學、德州大學奧斯汀分校。[21]主辦單位寄給每支參賽學生團隊一個凍乾的DNA樣本包裹，即早期版本的生物積木，這些參賽者可以視需要向主辦單位請求提供更多的「元件」，不過，奈特事後笑著坦承：「我們當時的庫存有限。」

但是，那年的競賽成果驚人。德州大學奧斯汀分校的學生團隊創造出第一個「細菌照片」，他們把來自動物界的各種基因拼湊在一起，再注入到大腸桿菌中，開始繁殖與形成一種大腸桿菌培養菌，這種培養菌能夠在突然暴露於光亮時記錄影像。這計畫與結果後來被刊登於很有聲望的《自然》雜誌上，可說是大學生科學研究實驗成果的空前殊榮。[22]這項一年一度的活動被稱為「童軍盛會」（jamboree），幫助創立iGRM的前MIT科學家瑞柏

格說：「我們不喜歡稱其為競賽。」

該盛會還產生了另一個漂亮的附帶效益：許多參賽團隊出於必要，合成出新的基因序，加入標準生物組件登記庫。現在，這個生物組件庫裡有超過一萬種不同的基因序，理論上，全都能夠在一個活系統中執行某項已經被科學界了解甚詳的功能。[23]

2013年的畢業生組冠軍，巴黎大學貝當古小組贏得了當年的評審團大獎，此後，該團隊與印度的非營利事業組織「開放資源藥物開發計畫」（Open Source Drug Discovery）繼續合作於開發結核病療方。[24]那年的贏得其他獎項的團隊也毫不遜色，環境組冠軍，台灣陽明大學隊創造出一種新的細菌物種「Bee.coli」，幫助蜜蜂對抗導致全球各地蜂群死亡的真菌感染。[25]洛桑管理學院隊研發出一種新的大腸桿菌物種，可用來把藥物輸送到任何想送至的體內特定地，這種新物種被命名為「Taxi.Coli」。[26]

iGEM競賽區分為高中組、大學組與畢業生組（已經取得學士學位者），主辦單位在2014年時開放讓新興的「社群實驗室」參加競賽，由生物駭客組成的參賽團隊在Genspace、BioCurious等公共實驗室共同合作，與年輕的學生參賽隊伍競賽。

2012年，MIT史隆管理學院的學生進行了一項研究，想撰寫一篇報告分析MIT媒體實驗室的組織方式，他們訪談了許多人，包括該實驗室的教職員及學生。過了一陣子，伊藤聽說他們放棄該研究計畫，因為訪談後發現，每一個受訪者對於這媒體實驗室做些什麼與如何運作的看法差異甚大，使得那些進行研究的學生

無法做出綜合歸納的分析。

　　試圖了解MIT媒體實驗室的結構，幾乎是徒勞的，那就如同隨便一群人漫步在一個充滿生氣的自然生態系裡，有些人看的是地質情況，有些人注意到植物的合作方式，有些人聚焦於微生物群落，有些人在意生活於生態系中人們的豐富文化。

　　比方說，媒體實驗室裡每個人各自執行自己的演算法，他們和彼此以及各種內部與外部系統互動，其中一些演算法優於其他演算法，但每個人和每支團隊對此媒體實驗室的看法稍有不同。這裡有媒體實驗室文化，但每支團隊和每個單位有自己的文化，每支團隊信奉部分或全部的媒體實驗室文化，各自用自己的方式去詮釋文化。這創造出高度複合、活潑、最重要的是自我調適的體系，使得實驗室持續演化與前進，但沒有任何一個部分能完全了解整體，也沒有任何一個部分能夠掌控整體。這是個無法描繪的體系，但每個人大致在相同的羅盤航向上，如果這是一個可以描繪的體系，那就不會有這麼高的調適度與靈敏力了。

　　媒體實驗室有許多教職員會議可供討論願景，即羅盤航向。自伊藤穰一上任後，他們唯一達成的共識，也是伊藤擔任總監頭年一場教職員會議中達成的共識，即這個實驗室的羅盤航向是：獨特、影響、神奇。

　　獨特是指，實驗室研究沒人在做的東西，如果已經有別人在做，我們就改做別的。正如邱吉所言，假如你和別人競逐，那就沒趣了。影響是指，純科學圈裡的許多人致力於發現科學知識，

這固然重要，但媒體實驗室追求產生影響，這個觀念是歷經多年演進而成的。據說，實驗室的共同創辦人尼葛洛龐帝提出「展示成果，不然就完蛋」（Demo or Die）的說法。[27]表示實驗室是建造導向與影響導向。

在一次全員會議中，伊藤穰一倡議應該超越「展示成果」，因為實驗室愈來愈多成果可以透過網際網路，應用於真實世界，降低製造成本，增進新創事業的角色。實驗室分子機器計畫主持人雅各森（Joe Jacobson）提議以「應用，不然就完蛋」（Deploy or Die）做為這個實驗室的新座右銘。歐巴馬總統建議伊藤調整一下要傳達的訊息，於是他把這座右銘縮短為「應用」。[28]

這些羅盤航向構成一個供我們思考工作的框架，同時也留有足夠的彈性與詮釋空間，讓每支團隊和每個人在擁有識別與方向的同時，不致降低實驗室的多樣性，我們不想像個固體，我們想變得像是流體或氣體。

困難是挑戰，不是障礙

1978年時，瑞斯尼克是個覓職的大學畢業生，他在普林斯頓大學讀的是物理，但也在校報中擔任寫手，校報的工作經驗讓他獲得《商業週刊》一份實習工作機會。後來，該雜誌社編輯發現他頗擅長把令人費解的新電腦世界寫得清楚簡明，就在他畢業時給了他一份全職工作，瑞斯尼克回憶：「那份工作很棒，我可以

打電話給賈伯斯，打電話給比爾蓋茲，他們都會跟我說話，我每週都能學到新東西。」

但是幾年後，他覺得不滿足，想要有所變化。身為新聞工作者，他接觸到當時最大的一些技術性挑戰，但他開始渴望有機會去做他覺得對個人而言更有意義的東西。1982年春，他偶然聽了電腦科學家暨教育家、Logo程式語言創造人派普特的一場演講，那場演講完全改變了瑞斯尼克對於電腦的想法。

「我們在《商業週刊》撰寫有關於電腦的文章，發現人們在談論電腦時，都是把電腦視為一項工具，一種做事、完成工作的方法。」瑞斯尼克說：「但是派普特把電腦當成是可以幫助你以新方式看世界的事物，也是一種讓孩子表達他們構想的媒體。」翌年，瑞斯尼克獲得MIT學習與研究一年的機會，他參加派普特的研討會，從此上癮，MIT變成他的新巢，三十多年後的現在，他仍待在那裡。

派普特許多早期有關孩童教育的思想，衍生自瑞士哲學家暨心理學家皮亞傑（Jean Piaget），派普特在1958年至1963年期間於日內瓦大學和皮亞傑共事。[29]皮亞傑的八十四年人生裡，投入許多時間於研究兒童（乃至於後來的成人）如何發展他們對世界的了解。他認為，人在年幼時就建立了心智模式來解釋周遭現象，例如一部車子，一隻貓的粗糙舌頭。隨著年齡增長，我們的經驗和這些心智模式牴觸，迫使我們調整這些心智模式以因應不斷改變的現實。因此，孩童在玩樂中改造與再改造他們對於這世

界如何運作的認知。[30]

　　派普特認為，電腦是心智模式碰上經驗處，是玩樂兼學習的一種理想工具。本於這些概念，他設計出Logo，小孩能從Logo中學到，幾條簡單的程式就能在螢幕上指揮游標，建造一個方形或一朵花。通常，如果這樣，就會那樣的結果。但最可貴的是，有時候，這樣未必就會產生那樣，需要編程人員排解疑難：建立一個假設，檢驗假設，然後修正假設。使用Logo程式語言，每個孩子都變成了經驗主義者。

　　1984年時，全美各地教室的原始個人電腦上都在跑Logo程式語言；整個世代的電腦科學家，人生中最早撰寫的程式是使用Logo語言：整個世代的藝術家、會計人員與保險銷售員也使用Logo語言來撰寫他們人生中最初的程式，也可能是他們最後撰寫的程式。

　　派普特在他1980年出版、1993年發行新版的經典著作《心智激盪》（*Mindstorms*）中寫道：「電腦可以做為重要思想與文化變革種子的傳播媒介，可以幫助人們與知識建立新關係，跨越人性與科學的傳統鴻溝，跨越人對自我知識和科學與人性間的傳統鴻溝。」[31]在幾年的黃金時代期間，電腦的用途似乎很明顯，是用來促進創造的工具。在派普看來，編程（縱使是用Logo語言來編程）是困難的事，這困難代表的是挑戰，而非障礙。[32]挑戰正是學習的樂趣。

　　但是，Logo語言流行至高峰之際，這世界開始航離派普特把

電腦當成創作工具的願景。第十八屆美式足球超級盃的四分之三
場休息與廣告時間，蘋果電腦向數千萬美國民眾推出經典廣告：
「1月24日，你將會知道，為何1984不再像1984。」[33]兩天後，
第一代麥金塔電腦推出圖形使用者介面，永久改變了我們和技術
之間的關係，電腦變得伶俐、友善、易於使用，不再富有挑戰
性，小孩從萌芽的編程員變成被動使用者。讓派普特日後悲嘆的
現象是，電腦從學校的普通教室被移到名為「電腦實驗室」的特
殊教室，編程變成專門的活動，只有少數孤獨的「宅小孩」（更久
的日後變成富有者）會從事的活動。

　　此時，瑞斯尼克已經是MIT研究所學生，正在攻讀電腦科學
博士學位，和他的導師派普特密切合作於樂高心智激盪（LEGO
Mindstorms）的開發工作，這是一套可編程的機器人，幫助玩具
製造商樂高公司躍進數位時代。瑞斯尼克和樂高公司的合作持續
至今。

　　瑞斯尼克與派普特研究小組的其他人仍堅定於證明，小孩
也能創造自己的遊戲與軟體，不只是消費他人創造的遊戲與軟
體。在1992年取得博士學位，並加入媒體實驗室教職員行列
後，瑞斯尼克組成一支現在名為「終身幼兒園」的研究小組，大
致上就是推進派普特的願景，讓小孩使用技術來拓展他們的知
識與表達力。瑞斯尼克在1993年與其他人共同創設電腦俱樂部
（Computer Clubhouse），這是一個讓城市貧窮社區孩子有機會
學電腦的課後輔導中心，在英特爾公司大力資助下，該俱樂部現

已成為在世界各地有一百個據點的全球性網絡。

到了 2003 年，瑞斯尼克已經在玩具機器人、控制這些機器人的電腦程式、與小孩撰寫程式，這三個層面的交會沃土耕耘了近二十載，他決心要解決的困難問題已經解決了，現在，他再一次覺得不滿足，想要有所變化。他說：「當時，網路剛進入最早的社交階段，但你無法和機器人交流。」

除非，你能夠把機器人帶到電腦裡。媒體實驗室的研究員、瑞斯尼克長期合作者拉斯克（Natalie Rusk）如此表示。拉斯克和瑞斯尼克開始設計一種程式語言，意圖彌補 Logo 沒能做到的。新的程式語言將鼓勵孩子在設計與創作中學習，也將利用社群的力量來輔助學習過程。人工智慧先驅明斯基（Marvin Minsky）曾說：「Logo 的問題在於有文法，但沒有文學。」意思是，沒有方法可以讓優秀作品被看到、擁抱與拷貝。[34] 他們設計的 Scratch 將把 Logo 帶進未來。

瑞斯尼克回憶：「記得我和小組舉行過一次避靜會議，我跟他們說，這東西將比我們過去所做的能觸及到更多的人。」他們花了四年的時間設計、打造原型、進行測試，過程中邀請波士頓地區電腦俱樂部的孩子參與，到了 2007 年 5 月，瑞斯尼克與同事正式推出 Scratch。這項集合眾人心力的產品忠於派普特的願景：不拘經驗或年齡，任何人都可以坐在電腦，立即開始創作，但更重要的是，Scratch 的核心融入了社群。

瑞斯尼克與學生把 Scratch 設計成，能讓資質普通的八歲小孩

可以在線上輔導員的協助下，開始編程工作，過程中只有小孩、可愛的橘色 Scratch 吉祥貓以及程式。這是數位學習理念的核心：側重鼓勵，應該讓小孩想要學習，並且直覺學習。一切都看我們這些執迷不悟的成人要不要修正，為孩子架構正確的學習環境。

自 2007 年問世以來，Scratch 緩慢、但穩定成長為具有重要影響力的平台。席格發現該平台時，其流量已經比 MIT 任何其他網站的流量還要多，這個平台上的計畫數量已經增加到了數十萬個，平均每兩到三秒就有新評論張貼於 Scratch 論壇。瑞斯尼克的團隊正致力於全面翻新與升級這個平台，但龐大的工作量令瑞斯尼克和團隊都吃不消，瑞斯尼克回憶：「我知道，為了讓 Scratch 充分發揮潛能，需要一個新的組織架構，但光靠媒體實驗室本身是做不來的。」

席格帶兒子去媒體實驗室參加活動後的下個星期四，他寄了一封簡短的電子郵件給瑞斯尼克，告知他將在那個月底再度前往波士頓地區。他在這封電子郵件中寫道：「我很期待順道拜訪，捐筆錢給 Scratch 計畫。我也想討論一下，看我能夠以怎樣的方式參與，幫助推進這計畫。」

那年夏天，終身投入電腦科學（儘管目的不同）的兩人往返通訊，他們發現一個相同的志趣：把編程變得不僅讓小學生易於親近，也充滿樂趣。席格指出，他在家中輔導札克編程時都覺得很不容易了，他在信中寫道：「更何況是那些沒有背景的父母，我很難想像他們如何保持小孩對編程的興趣。」他認為，Scratch

可以做為一個理想工具：「甚至可以在小學與中學裡，以及許多沒有這方面合格指導老師的學校裡幫忙。」

那年八月，席格回到MIT媒體實驗室幫助推動工作，他小心走過終身幼兒園實驗室裡到處擺放的實驗腳踏車、焊接工具箱、樂高積木等等。他來到瑞斯尼克的辦公室，一起研議計畫的概念架構，該計畫遠比開發一種新的程式語言更為宏大，能改變人們對於學習和教育的思考方式。

瑞斯尼克和席格都認為，學習編程並非只是為了訓練與培育未來的電腦工程師，更是一條學習如何學習的大好途徑。瑞斯尼克說：「學習編程能幫助你組織、表達、分享你的點子，就跟學習寫作一樣，這對每個人來說都很重要。」

席格愛上這個概念，他說：「這不是學習以編程，而是編程以學習。」概念就此形成，席格返回紐約後，開始著手申請創立一個新的非營利組織：原名「編程學習基金會」（Code to Learn Foundation），後來更名為Scratch基金會。[35]

後記：神話思維，而非使命思維

尼葛洛龐帝2011年發給我的一封電子郵件中寫道：「我可能會偶爾傳送一些提示給你，你可以不理會，但那些將是只有父母才會告訴孩子的東西……例如，我從不稱呼實驗室的全體人員為『我的全體人員』，我總是說和我共事的誰和誰，不說在我手下工作的誰和誰。這些小事是這個新職務和在企業界工作的差別，這個新職務比較像是公僕。」

我唯一和尼葛洛龐帝相左的觀點是，我認為，縱使是在企業界，公司也不應再採行網際網路時代前那種由上而下的傳統領導風格。

本章內容討論有方向（羅盤）的重要性，以及在複雜多變的世界裡試圖計畫繪製地圖的隱藏危險性。像領導媒體實驗室一個這麼複雜、從事創造性工作的組織，幾乎不可能有詳細的計畫。從很多方面來看，「領導」這個字眼可能會引起錯誤聯想，因為我們經常認為領導人具有巨大的控管權與指揮力。媒體實驗室的領導職務不像執行長，倒像一名園丁。他澆水灌溉植物、施肥、修整樹籬，閃到旁邊不擋道，好讓園裡所有植物和動物的創造力與活力爆發，繁榮茁壯。

媒體實驗室跟其他類似的組織可以被「領導」，方式是調整羅盤，聚合於同一航向。你不可能了解數百位聰穎、充滿求知欲

且獨立的同仁所有工作細節，不可能預期他們的所有想法和可能遭遇到的所有挑戰，我們必須自在於一個觀念：我們無法掌控，我們無法預期，我們甚至無法得知所有發生的事，但我們仍然有信心和勇氣。這樣的觀念讓我們能夠在思維、方法與時間量程等方面擁抱多樣性，不會去強迫一切變得過於同質。

　　成功之鑰不是法則，也不是策略，而是文化。無論我們談的是的道德指南，或世界觀，或感知與品味，我們訂定這些羅盤時是透過我們形塑的文化，以及我們經由活動、電子郵件、會議、部落格貼文、規則，甚至是音樂的溝通方式。這更像是一種神話體系，而不是某種使命宣言或標語。

——伊藤穰一

RISK OVER SAFETY

法則四　冒險勝過避險

承擔足夠的風險，才能擁有足夠的安全

胡念君（Julia Hu）原本沒打算在蘋果商店做生意，但是，因緣際會之下，她做起了三百六十一家蘋果商店的生意。[1]從她的故事可以明顯看出為何公司、政府、大學等大咖難以在複雜時代競爭。複雜時代有利於小咖，例如恐怖份子的支部、駭客、任何有好點子與快速網際網路連結的個體。

幾年前，胡念君剛從史丹佛大學畢業，有個開發iPhone應用程式的點子：運用一條腕帶來測量使用者的睡眠型態，並在早上溫和叫醒他們。配帶幾週後，應用程式將分析蒐集到的生物統計數字，變成一個虛擬睡眠教練，為大批工作過度、睡眠不足的人提供建議。

這點子很不錯，她的朋友喜歡、家人喜歡、創投家也喜歡，如果不必硬體就能實現，我們的故事可以就此畫上句點。跟許多其他的軟體創業者一樣，胡念君只要雇用一、兩名程式設計師，就可以開始營運事業。但是，一項蘋果商店產品跟一款蘋果應用程式大不相同，就算只是一條腕帶這麼簡單的產品，仍然需要約五百萬美元才足以把該產品推到足夠數量的零售店，開始賺錢。到了2009年底，胡念君募集到的種子資金還不到一百萬美元，這筆錢只夠她發展出一個原型，但不足以發展出一項產品，她必須冀望更多的創投家願意支持她進入高風險、低利潤的智慧型手機配件市場。

然後，她遇見了PCH創辦人暨執行長凱西（Liam Casey）。凱西的公司資金豐沛，當年，凱西這家未上市公司獲利四億一千

萬美元。不過，凱西並沒有提供胡念君資金，因為在他看來，胡念君並不需要，他給她更好的：他的供應鏈管道。[2]

實際上，供應鏈是大咖與小咖間的重要戰線，我們將看到，在這條戰線，小咖開始勝出。凱西就像大師級的指揮，只不過，他的管弦樂團是由全球各地數千家工廠組成，能每週七天、每天二十四小時接力演奏，製造出各種產品，從桌上型電腦的積體電路板，到用來包裝這桌上型電腦的硬紙板。跟胡念君一樣，凱西也是一位創造者。

1996年，凱西來到推動中國成為製造業強國的南方新興工業城深圳，創立了一家貿易公司。他說，多年來，他的公司只是西方公司與中國製造廠之間的媒合；到了2003年，這個貿易事業已經瀕臨死亡。直到西方與東方直接搭上線，凱西開始提供媒合以外更有價值的服務。凱西說：「我剛到中國時，那裡是個製造便宜東西的好地方，但很快就變成一個製造好產品的便宜地，然後，變成製造該產品的唯一地。」

凱西用他累積的知識，例如哪個工廠能夠用來自哪個機場的材料，花多少時間製造出怎樣的晶片等等，建立了一個資料庫，並把這資料庫的東西展示於公司總部的多台大型電腦螢幕上，讓他能夠針對一個品項，比如說耳機，在螢幕上顯示生產這耳機元件的全球網絡每一個節點。如果再進一步分析，他就可以看到那些工廠的管理、人力，甚至製造產品的規格。

這座資料庫讓凱西能夠向客戶（包括一些舉世聞名的公司）

提供幾乎所有外包服務，從製造、設計、包裝、倉儲到遞送，統統沒問題。流程中，凱西消除了傳統企業一項最大的風險：存貨。銷售量升高時，他能加速生產；銷售量減緩時，就減緩他的全球網絡。那些設立在田納西州納許維爾和東華盛頓的大型倉庫呢？一如費城的老舊鋼鐵廠，都已經過時了。

因為他的資料庫，還有他統籌指揮全球經濟的技巧，凱西為我們提供外包的邏輯結論：「你再也不需要擁有任何東西，不需要擁有工廠，不需要擁有倉庫，甚至不需要擁有辦公室。」換句話說，凱西把一家公司原有的東西都移到境外，還剩下什麼是你必須擁有的呢？他說：「你必須擁有點子，必須能推銷你的點子，就這樣。」這將大不同於范德比爾特、福特，甚至賈伯斯創立的那種企業。

這是沒有資本的資本主義，對於《財星》五百大企業的牽連影響性，絕對不容小覷。當你需要具備的只有一個點子時，任何人都可以加入賽局，任何人都行，例如這個例子的胡念君。凱西說：「我們取得她的設計，修改成可以量產，取得材料，確保可以用最有效率的方式出貨，幫助她設計包裝。」當日本的地震導致胡念君可能延誤產品問市日期時呢？凱西的供應鏈就像生殖力強大的溼地苔蘚般自我療癒：「我們在兩天內找到其他供應商來供應那些零件，連短暫延誤都沒有。」

胡念君和凱西後來甚至在品牌與行銷方面合作，他們為這款智慧型手機腕帶取名為「雲雀」（Lark）[3]，凱西只花了短短六個

月，就把胡念君的粗略概念轉化為最終產品。消費性電子創業一年總值約一兆美元，在這個領域，大咖像巨龍般大步而行，有時踩壓（控告）小咖，或吃掉（收購）小咖。[4]凱西和所謂即時供應鏈所做的事，讓這個產業變得更像軟體事業，由個人與小公司提供源源不絕的創新。

現在就採取行動

當硬體事業變得更像軟體事業時，會發生什麼情形呢？賽局規則將改變。當一項產品問市（或是向一大群聽眾提出一個點子）的成本高到可能導致組織破產時，避險優先於冒險，這是有其道理的。但今非昔比，網際網路逆轉了這現象。把一個點子、甚至是一項產品的粗略藍本安全保存，代價將會大於使其以數位形式漫步。

新規則就是勇於冒險。本章將讓你清楚認識到，我們的集體智力已遠遠落後於技術水準。這裡不是要讓每個人都去從事那些保單不理賠的極限運動，而是說，我們應該好好了解已經發生的變化規模，與每天都在以更快速度發生的變化。

有雄心壯志的高中生可以設計出新的生命形式，這不僅僅是有趣而已，對資本主義制度的整個結構與邏輯也具有重要含義，別忘了，資本主義制度與邏輯的基礎假設，早在三十年前就已經不成立了。一個精神失常的人可以設計出精巧的武器，並在線

上發布，用3D列印機製造，帶上飛機，這事實不僅讓人提心弔膽，也促使我們必須重新徹底思考我們的風險概念。

　　這個新世界時而讓人困惑、時而讓人驚慌，為掌握與利用其提供的機會，決策者必須快速行動，擺脫傳統的指揮與控制管理模式要求的層層審核。有家公司曾下令對是否投資六十萬美元於伊藤穰一的某項計畫進行可行性研究，該公司完全沒有考慮到，這項可行性研究得花費三百萬美元。該公司的僵化流程未能擁抱「冒險勝過避險」的法則，導致他們竟然花三百萬美元的理論去換取六十萬美元的事實。就算該計畫失敗，該公司的損失也不過是這項可行性研究成本的兩成！

　　跟「實行勝過理論」的法則一樣，「冒險勝過避險」聽起來可能讓人覺得不負責，但這是釋放現代低成本創新充分潛力必須奉行的法則。這是軟體產業與網際網路產業向來奉行、不可或缺的法則，形塑了創投業的面貌，在製造業、投資業、藝術與研究領域，該法則也是愈來愈重要的創新工具。

　　「冒險勝過避險」並不是要你盲目冒險，而是要你了解一個事實：隨著創新成本降低，風險的性質已經改變。如同我們將在探討「柔韌勝過剛強」時會看到的，網際網路在某些情況下迫使軟體公司拋棄其前輩採行的避險、科層式審核程序，對創新改採靈活、無需經過審核的方法。當然，這當中的許多公司失敗了，但那些成功的公司因此搶在競爭者還未入市前推出創新。

　　正如同早期網際網路時代，成功的公司改變他們的事業實務

以更貼切反映所屬產業的新事實，那些為其提供融資的投資人與創投家也同樣必須嫻熟新方法。他們不再只是閱讀事業計畫，和穿西裝、打領帶的企管碩士談話，下令進行昂貴的可行性研究；他們學習對優秀人才和優異點子下賭注，每筆賭注都不大，其中只有少數會成功，但因為賭注小，少數的成功者往往非常成功，因此，大贏家是那些願意且能夠擁抱高風險的投資者。

擁抱「冒險勝過避險」的投資人，同時必須改變他們對失敗投資的態度，當你做出許多大膽冒險投資，而非只做出少數避險投資時，你必須願意對那些不成功的投資放手。正因為創新成本降低，才可能奉行這個法則；同樣的，正因為創新成本降低，更不應該對瀕死投資投入更多資源。

假如你花二十萬美元試圖挽救你的投資，而不是放手，那就無異於前述那筆花三百萬美元決定是否投資六十萬美元的投資。你必須願意損失初始的投資，而不是試圖花更多錢去挽救，不去挽救，那些創新者就可以認輸，然後再去發展他們的新點子。

就連臉書與Google等成熟公司，也會利用冒險來維持靈活性與柔韌度，隨著環境變化來改變他們的策略與產品焦點。Google共同創辦人佩吉（Larry Page）在接受《連線》雜誌採訪時說：「多數公司漸漸衰敗，是因為他們傾向做大致相同於以往的事，只做出輕微的改變。想做熟悉、確知不會失敗的東西，這是人的天性，但是，只求漸進改善，注定將被淘汰，尤其是在科技業，一定會出現非漸進的改變。」[5]

佩吉所說的那種劇變既驅動創新，也是創新造成的結果，且與時俱進，為擁抱此曲線，需要創新者擁抱風險，也需要投資人尋找與辨識機會，並鼓勵創新，不去要求創新者凡事都必須經過他們核准。

奉行「冒險勝過避險」的潛在好處並非只有財務報酬。伴隨創新成本降低，讓更多人冒險創造新產品與新事業，創新活動從核心移轉至邊緣，這為原先被傳統、層級分明的投資與產品發展模式排拒在外的人，提供了許多新的機會。

讓員工冒險的組織，在這麼做的同時將激發更多的創造力。奧斯曼的得獎計畫「蠶絲篷」推升她的職涯發展與聲望，也幫助吸引更多人對媒體實驗室的反學科研究感興趣，獲致這些成果的重要前提是，奧斯曼與實驗室都擁抱「冒險勝過避險」法則。

對奧斯曼來說，涉及的風險包括：蠶的不可預測性，可能會摧毀整個計畫；計畫可能不會受到外界好評；或者，其不尋常的藝術與科學結合可能危及她的學術聲望。對媒體實驗室來說，讓超過六千隻蠶在一棟公共建築的大廳，沿著網線度過牠們的短暫生命，這事情具有本質上的風險，當奧斯曼提出此計畫時，安全起見，媒體實驗室應該拒絕，但正確做法是接受，因為「蠶絲篷」是值得冒的風險。

如同「冒險勝過避險」向來是網際網路的部分，奉行該法則也是MIT媒體實驗室的部分DNA，這使得尼葛洛龐帝提出「展示成果，不然就完蛋」的忠告，也使得伊藤呼籲「應用」。該法

則並不要求盲目支持每一個大膽冒險的提案或主張，而是要求創新者與投資人把「現在採取行動」的成本，拿來和「思考日後再採取行動」的成本權衡相較。在創新速度持續加快的時代，贏家將會是那些最了解這條方程式的人。

面對風險的正確態度

擁有悠久創新史的美國，應該已經是這條法則的領頭羊了，沒錯吧？畢竟，美國是矽谷的故鄉，不是嗎？西方國家在品牌、行銷、提出人人都想掏腰包購買的點子等方面具有優勢，凱西對此說法欣然同意，不過，在你抱著這種安逸想法舒適蟄伏之前，先想想這個：幾乎每一家主要的電子製造商都在深圳生產產品，那些中國工廠也愈來愈有能力製造自己的精密高階產品。

我們不需要水晶球就能看出，打造一支很棒的新相機手機，不會比在安卓系統設計一套很厲害的新應用程式來得困難，因為這是已經發生的事：這就是發生於深圳的「山寨」。「山寨」的本義是「游擊隊的堡壘」，但歷經時日，已經變成一種俚語，用來代表廉價的中國製仿冒品牌，你在紐約或洛杉磯的街頭上就能看到：仿 North Face 的 North Faith 夾克、仿 Nokia 的 Nckia 手機、仿 Gucci 的 Guuci 皮包。

大約五年前，情況有了改變。首先是山寨版的品質改進了，Nckia 和 Samsing 的品質與耐用度，已經可比 Nokia 和 Samsung。

然後，更驚人的情況是，複製品開始在原創品上做出改進。確切來說是，複製品開始創新。在沒有專利權律師和嚴格法規的束縛下，山寨版製造商開始製造出新奇古怪的功能，例如具有高畫質投影機功能的手機。還有什麼事是不能做到的？使用相同於凱西運用的，那串超快速、超靈活的供應鏈，一個足智多謀的創業者可以生產出不同種類的產品，測試需求，銷量好的產品才量產。

硬體業專家黃欣國接受《連線》雜誌訪談時說：「他們在硬體業做的事，就是網路上的擷取、編輯和複製。」[6]這讓大型消費性電子公司倉皇失措，急起直追。LG哪款手機有雙SIM卡槽？三星手機何時內建防偽鈔偵測器？這兩種性能都是山寨版創新出來的。當然，等到三星推出具有此功能的手機時，那些山寨版早已經轉向更多的其他創新，更多的其他性能。大型公司是趕不上的，他們得花幾個月才能反應市場需求，而且，不同於山寨，他們在推出每項產品前，必須歷經重重的國際專利談判。

結果是，到了2009年，山寨版手機擁有20%的全球手機市場占有率，並且快速把觸角擴展至其他種類的消費性電子產品。[7]那是一塊幾乎無邊無際大餅的很大部分，如果黑市產品的全球市場是一個國家的話，這個國家的GDP將達10兆美元，排名全球第二，[8]冒險的報酬真豐厚。

七千萬年前，當隻恐龍很棒，你集所有優點於一身：強大、皮厚、牙利、冷血、長壽。這種很棒的狀態，維持了很久很久，然後，突然間（一些古生物學家相信，有可能是數小時內[9]），你

不再那麼棒了，因為體積龐大，你需要大量的卡路里，需要龐大的空間，所以，你死了。你知道誰比你長壽嗎？是青蛙。[10]

美國這邊沒讀到的劇本，既為世人周知，也讓人憂心：中國崛起，美國帝權式微，青蛙取代了恐龍。不過，故事情節顯示了對新時代的一種根本誤解，實際上，美國企業和中國企業的處境相同，恐龍不需要擔心其他的恐龍，牠們需要的，是像青蛙般的思考與行動。

這種對風險的態度，也可以用來解釋為什麼比特幣能夠續存至今。直到2010年，比特幣與其軟體創造者中本聰，把比特幣開放源碼軟體專案的控制權交給安德森（Gavin Andresen）前，此軟體的修改幾乎都是中本聰自己做的。曾為比特幣基金會前首席科學家的安德森，在2015年末的一場談話中指出，截至當時，比特幣核心約30％的程式，仍然是中本聰撰寫的原始程式。[11]安德森在這場談話中也指出，有權決定是否接受對比特幣核心做出改變的那些核心開發者「任性且避險」，但他們的任性與避險程度還不如中本聰。

安德森認為，中本聰之所以在2011年4月淡出此計畫，一個原因就是，他想控制軟體程式的欲望不合於此計畫的需要：必須建立開發者社群，一些開發者在過去五年間，對源碼做出了極大貢獻。值得一提的是，安德森能夠對比特幣核心源碼做出改變的權力，於2016年5月被撤銷。[12]

縱使中本聰開始淡出，比特幣社群的其他成員仍然圍繞這個

加密貨幣建立基礎設施。新自由標準（New Liberty Standard）根據當時挖掘比特幣所需的電力，在2009年10月建立一個匯率：1309.03個比特幣相當於一美元。[13]2010年2月，比特幣市場（Bitcoin Market）成為第一個比特幣匯市，可以用法定貨幣購買比特幣，或是把比特幣轉換成傳統的貨幣形式。2010年5月出現了真實世界裡的第一筆比特幣交易，佛羅里達州傑克遜維爾市的程式設計師韓耶斯（Laszlo Hanyecz），在一個比特幣論壇貼文徵求用一萬個比特幣交換幾個披薩，最終有人外送兩個披薩給他，換得了這批比特幣。在當時，這價格似乎滿合理，大約是二十五美元，但是到了2015年初，這一萬個比特幣已經價值超過兩百萬美元。[14]

同年，也誕生了最著名，或者說最臭名昭彰的比特幣交易所Mt. Gox。Mr. Gox原創於2007年，原做為「魔法風雲會」卡片遊戲的交易網站，當時叫做「Magic: The Gathering Online eXchange」。這個遊戲卡交易網站並未發展成氣候，幾年後，該網站創辦人麥卡雷伯（Jed McCaleb）在Slashdot網站上閱讀到一篇有關比特幣的文章，便把該網站改寫成比特幣交易網站，取原名的首字母縮寫為Mt. Gox。2011年，麥卡雷伯轉向了其他計畫，把Mt. Gox賣給居住在日本的法籍軟體開發者卡普雷斯（Mark Karpelès）。[15]接下來兩年，比特幣的知名度與人氣攀升，Mt. Gox隨之成長，鼎盛時，全球比特幣交易有超過70%在該交易所處理。[16]

這一路發展下來，Mr. Gox的事業屢屢出現安全性漏洞與軟體性錯誤問題，其中包括2011年6月時，一名駭客入侵Mr. Gox電腦系統，把大量比特幣轉匯給自己，然後在交易所傾售，導致比特幣幣值在幾分鐘內幾乎降至為零。[17]不過，世人最印象深刻的災難性洪流始於2013年，一連串的法規問題，最終導致Mt. Gox破產。[18]

首先是美國國土安全部凍結Mt. Gox在美國某銀行帳戶裡的五百萬美元，聲稱該公司無牌經營匯款業務。雖然，Mt. Gox在事後立即向美國管制匯款業務的金融犯罪執法網絡取得牌照，但在美國匯款給顧客的能力已經嚴重受限。[19]

2014年2月底，卡普雷斯閃辭比特幣基金會董事職務，Mt. Gox網站關閉所有交易，該公司在美國與日本申請破產保護，申請破產保護的文件中，該公司聲稱有七十五萬個屬於客戶的比特幣和十萬個公司自有的比特幣消失。[20]雖然，該公司後來說，在「2011年6月前使用的舊格式錢包」中，找到了其中二十萬個比特幣，但仍然有六十五萬個比特幣就這樣消失不見，這數量約占當時已經挖掘出來的總比特幣數量5%。[21]比特幣市場對此事件的反應，大致如同傳統金融市場的反應，好比載著黃金的船隻失蹤，比特幣的價值下跌，一連串官司與評論思考文章接踵而至。

Mt. Gox發出一份聲明，把這些歸咎於駭客，但日本《讀賣新聞》在2014年12月報導，日本警方認為，消失的比特幣中只有約1%落在駭客荷包。[22]至於其他消失的比特幣，《讀賣新聞》

說，警方發現，比特幣進入了不明方的帳戶，這些帳戶與客戶無關，這隱約表示，絕大多數消失的比特幣進了專為詐欺交易設立的帳戶裡。[23]卡普雷斯在2015年遭到日本警方逮捕，並以侵吞罪起訴。[24]

　　Mt. Gox發生內亂的2013年，另一樁與比特幣有關的醜聞也跟著爆發：絲路購物網站（Silk Road）被查封。絲路網站是一個使用隱匿與匿名方式運作的線上黑市，從販售毒品到暗殺委託等等，從事的交易絕大多數是非法。由於化名「恐懼海盜羅伯茲」（Dread Pirate Roberts）的營運者非常樂意接受採訪，自從八卦部落格網站「高客」（Gawker）的供稿人陳力宇（Adrian Chen）於2011年首度報導後，這個線上黑市的存在開始被廣為流傳。[25]

　　美國國土安全部於2012年展開調查，一年後，特務德以基亞揚（Jared Der-Yeghiayan）在絲路網站取得中介者職務。[26]他的臥底工作使得烏布瑞（Ross William Ulbricht）於2013年10月被逮捕，烏布瑞的筆記型電腦上詳細記載了「恐懼海盜羅伯茲」經營絲路網站的過程，還有從這網站上交易取得的144,342個比特幣。[27]

　　聯邦法警局拍賣這次調查中查封的近3萬個比特幣，創投家卓普（Tim Draper）買下這些比特幣後，貸給比特幣新創事業Vaurum，這個平台標榜其致力於：為那些一直以來被弱勢貨幣阻礙的市場，發展注入流動性與信心的新服務。[28]從烏布瑞的筆記型電腦上發現的其餘比特幣被分批出售，最後一筆拍賣在2015年

11月舉行。[29]

　　絲路網站調查案與烏布瑞的受審，凸顯了比特幣的一項弔詭特性：加密貨幣明顯（但非全然）的匿名性引起犯罪與恐怖份子的注意，但刻意透明化的架構也使其完全開放並受到檢視。但這不是一個缺點，這是其平台的特性，Bitcoin.org解釋：「比特幣的設計，是讓使用者能夠以跟其他形式貨幣一樣的隱私程度來付款與收款，但是，比特幣的匿名與隱私程度不如現金，使用比特幣將會留下非常多的公共紀錄。」[30]

　　這與《密碼龐克宣言》一致：「隱私不是祕密，隱私內容是你不想讓全世界知道的東西，祕密內容是你不想讓任何人知道的東西。隱私指的是能夠選擇性向世界揭露自己。」[31]比特幣需要使用者做點事，決定他們願意向誰揭露自己的多少東西。

願意失敗，勇於冒險

　　去年，媒體實驗室的一群學生跟著黃欣國造訪深圳，黃欣國刻意縮限參訪團的人數規模，因為他們將造訪的地方空間有限。伊藤的友人、領英公司（LinkedIn）創辦人霍夫曼，以及MIT教務長施密特（Marty Schmidt）也在參訪團中。

　　第一站來到全匯通科技公司的小工廠，這家在加州費利蒙市與深圳皆有設廠的製造公司，主要業務是把晶片安裝於積體電路板上，工廠裡有很多表面黏著技術（SMT）機器，這些機器使用

電腦編程氣體力學來揀取晶片與其他元件，再安裝到積體電路板上。除了一排排的SMT機器，生產線上還有很多工作者在為器材設備編程，使用X光、電腦與眼睛測試與檢查結果，處理因為技術或經濟原因而仍然交給人工執行的部分流程。

　　很多新創公司跟其他專案因為需要產量小、風險高，且通常有創業者的不尋常需求，因此難以找到提供製造服務的夥伴，全匯通和這類新創公司與專案密切合作，為他們提供製造服務。

　　不過，全匯通這類製造廠讓人印象深刻的不是他們的技術，而是他們的人才。從工廠老闆到專案經理與工程師，他們都很賣力，有經驗，值得信賴，對與黃欣國和他的朋友合作感到興奮，他們願意且能夠設計與測試新流程，創造出以往從未製造的東西。伊藤參訪這間工廠後不久，在部落格中寫道：「他們的敬業與活力，讓我聯想到二次大戰後建設日本製造業的許多創業家與工程師，想必他們當年也是如此。」[32]

　　接下來，參訪團來到製造印刷積體電路板（PCB）的鑫銳科技公司。PCB製程困難且非常複雜，必須在加層的同時，蝕刻與印刷焊錫等各種化學物質，涉及許多步驟和複雜的控制。鑫銳科技公司製造複雜精密的複合PCB，加入陶瓷層與柔性層，其製程非常困難，通常不對外開放，但MIT媒體實驗室和該工廠有密切合作關係，讓我們得以入內參觀。

　　下一站是一家射出成型技術工廠，黃欣國當時在幫助伊藤做一項需要相當複雜射出成型工具的計畫。從手機到兒童汽車安全

座椅，無數產品的塑膠零件使用的是射出成型製程，即把塑膠的熔融液體注入大型的鋼模裡。這種製程困難，假如你想要製造出光潔鏡面，模具必須要有一個光潔鏡面；假如你需要產品公差保持在0.001公分以內，你的鋼模也必須有這樣的精準度。此外，你還必須了解並確保塑膠的熔融液體均勻流經模具與多孔洞，且適當冷卻固化，而不致扭曲或斷裂。

參訪團那天參觀的工廠有精密機器工坊和工程技術，可以設計與製造伊藤需要的射出成型工具，但伊藤需要的量太少，製造成本不划算，無法引起工廠的興趣。工廠想要數百萬單位量的訂單，伊藤只需要幾千個。

該工廠老闆建議伊藤，可以在中國訂製精密模具，再運送至美國的工廠，在當地生產。由於製程中需要無塵室，他認為在美國生產更便宜，但美國的工廠沒有中國工廠具備的專長或能力可以生產這種機密模具，就算有，成本也過高、不划算，因此建議在中國訂製這些模具。

這個角色轉換顯示，射出成型的技術、貿易與訣竅已經轉移至深圳，縱使美國有製造能力，知識生態系的關鍵組件目前只存在於深圳，那裡對實驗、失敗、冒險的容忍度也遠高於美國。

接著，黃欣國帶參訪團去市場，在市場待了半天，也只看到建物、攤位和市集構成的巨大網絡中一小部分而已。市場是幾個城市大街區所構成，這些街區有許多高樓，每個樓層擠滿攤位，每棟大樓都有一個主題，從LED到手機解碼與維修等等。整個地

區給人一種科幻片「銀翼殺手」的感覺。

　　參訪團從市場其中一個區域展開參觀，在這區，商家把壞掉或人們淘汰的手機拆解成零組件，凡是被認為留有功能的部分都被取下，裝入大塑膠袋裡出售。另一個元件貨源是被工廠生產線淘汰的不合格零件，或是只有其中一個元件未能通過測試的PCB板，商家把這些東西取來修理後出售。iPhone的Home鍵、Wi-Fi晶片組、三星手機螢幕、諾基亞手機的主機板等等，這裡販售的元件琳琅滿目，黃欣國指著一袋晶片說，這在美國的市面價值約五萬美元，這裡只賣約五百美元。這些晶片不是論件計價，而是按斤兩計價。

　　誰購買這些按斤兩計價的晶片呢？那些製造「全新」手機的小廠，當零組件缺貨時，就會來市場購買成袋按斤兩計價的零組件，好讓生產線不致停擺。你剛從AT&T購買的「新」手機裡，很可能有深圳的「資源回收利用」零組件。

　　維修手機業者也是這些回收零組件的顧客。手機維修可能只是簡單如更換螢幕，或是全部重新組裝，你甚至可以購買完全用回收零組件打造的手機：我的手機遺失，你能幫我「維修」嗎？

　　看完這個「資源回收利用」的手機市場，參訪團還看到筆記型電腦、電視機的資源回收利用市場。然後，參訪團進入另一個市場，剛走進去，黃欣國低聲說：「這裡所有東西都是贗品。」

　　這裡有「SVMSMUG」手機，有外觀看起來像你知道的各式各樣手機，不過，更有趣的是你在別處看不到的手機：鑰匙圈

型、手提音響型、汽車型、亮晶晶的、會閃爍的，你能想像到的手機外觀，應有盡有。這其中有許多是山寨品，那些山寨品開始大多是仿製市面上現有的手機，但現在已經變成靈活的創新工坊，有各種新點子。因為距離製造生態系非常近，所以有製造廠管道，但更重要的是，可以取得所有手機大廠的商業技能與機密，有製造廠出售那些手機大廠的設計圖。

　　另一個驚人的層面是成本。最便宜的全性能手機，零售價約九美元，沒錯，九美元！在美國，不可能設計出這麼便宜的手機，只有那些製造工具就在他們手邊，不僅熟悉最先進的高階手機技術，也對製造設備瞭若指掌的工程師才能辦得到。

　　在深圳，智慧財產權大致被漠視，在親友與信賴同事構成的複雜網絡中，間諜技術情報和商業機密被選擇性的分享。這感覺很像開放源碼，但實際上並不是。從做盜版，轉變成端出自己的智慧財產權，這種轉型不是什麼新鮮事，19世紀時，美國的出版商公然違反著作權，直到這個國家發展出自己的出版業；日本在汽車業取得領先地位前，也是複製美國的汽車公司。感覺起來，深圳也處於這種重要轉捩點：一個國家／生態系從跟隨者轉型成領導者。

　　接著，參訪團來到製造精靈系列四翼無人機的大疆創新科技公司，他們看到的就是一家在所屬領域位居領導地位的公司。[33]大疆是一家每年成長五倍的新創公司，設計出最受歡迎的消費者市場無人機，也是中國前十大專利權持有人。大疆顯然也受益於

來自製造廠的間諜技術情報，不過，他們很清楚發展智慧財產的重要性，這家公司感覺起來像是矽谷新創公司，混搭參訪團先前參觀那些工廠的敬業精神，和來自製造廠的間諜技術情報。

參訪團還造訪了一家高級手機製造廠，產量數百萬計，由機器人從完全自動化的倉庫拿取並遞送零組件到生產線上，這些流程和設備的先進與精密程度，在全球製造廠中堪稱一流。

還有一家小工廠，能夠以單件組裝方式組裝非常複雜的電路板，價格大約是有線電視一個月的費用。那些工人用手把極微小的晶片安裝到電路板上，美國人會告訴你，那些工人的焊接技巧只有一台五萬美元的機器才能做到，他們沒有使用顯微鏡或放大鏡，黃欣國認為，他們應該是全憑感覺和肌肉記憶在執行工作。真是太巧妙、太驚人了！

伊藤與朋友接著造訪凱西的PCH國際公司，觀看零組件如何以即時方式進來，被組裝、裝箱、貼標籤、出貨。以往從工廠到商店得花三個月，現在只需要三天，就能遞送至世界任何地方。他們也參觀了位於市場區的HAX Accelerator，這是兩位法籍創業家創設的硬體新創事業育成中心。[34]

參訪團在所有公司體驗到的是一個完整的生態系。從製造五十個以電腦控制、閃爍燃燒人（Burning Man）標誌的小工廠，到邊吃大麥克漢堡、邊重組手機的怪咖，到機器人在無塵室裡忙著遞送零組件到一排排的SMT機器上，低成本勞力把全世界多數的複雜製造作業拉到這裡。但是，這個生態系發展出工廠與

技術的情報網絡，讓這個地方幾乎能夠以任何規模生產任何東西。

就如同不可能在其他地方打造出另一個矽谷（儘管很多地方都嘗試過），在深圳待了四天後，伊藤深信，不可能在別處複製深圳這樣的環境。深圳和矽谷都具有「群聚效應」（critical mass），吸引愈來愈多的人、資源與知識，也有充滿通才、敬業精神與經驗基礎的生態系，任何地方都難以複製。其他地區有其優勢，波士頓或許能夠在硬體和生物工程領域與矽谷抗衡，拉丁美洲與一些非洲地區也許能夠在某些資源與市場管道方面和深圳抗衡。但是，伊藤相信，深圳跟矽谷一樣，已經變成一個非常完整的生態系，與其和深圳硬碰硬競爭，不如建立連結網絡，將更為成功。

但是，想和深圳競爭，就必須擁抱建設深圳的精神：接受，甚至頌揚冒險與實驗，願意失敗，並東山再起。對於美國這樣的國家，對於生長於美國的公司，這可能感覺像是倒退回到憑經驗與直覺、即興行事的年代，或許真是這樣。不過，我們必須認知到，在安全至上的創新不再有效力，冒險才能讓公司和整個經濟繁榮生存的年代，這些都是必要的精神。

後記：低買，然後高賣

你如何投資你的錢？低買，然後高賣。我曾經問過一位投資股票的日本政府基金經理人，如何選擇投資標的，他說：「我都投資大公司，沒有風險的大公司。」我必須向他解釋，凡事都有風險，你需要的是了解有何風險及機率，才能評估股票的價值。

舉例而言，如果我知道傑夫是個優秀的創業家，他正在創業的領域是我相當熟悉的領域，我就比他人更能評估該事業的機會與風險，比起那些不認識傑夫或不熟悉這個領域的人，我可以對這家公司的股權做出更多投資，因為這家公司在他們眼中的風險性可能高於我的看法。日後，當傑夫的公司成功，公開上市，登上《紐約時報》頭版時，或許就是我出售手中持股的機會。此時，包括那位日本政府基金經理人朋友在內，人人都會說：「天哪，真驚人的一家公司！現在還能出什麼差錯呢？」因此，大家爭先恐後購買這家公司的股票，股價將會大漲。我們常說「資訊就在價格裡」，這家公司現在的境況可能比我當初投資時還要好，但人們可能低估風險、高估機會，股價就可能被高估。

換句話說，用你取得的資訊了解風險與冒險，但切記低買，然後高賣。了解風險將使你更正確評估風險，風險總是存在的。那些想在計畫表現得非常好時接手，然後一直堅持，直到演變成災難或失敗的人，就是「高買，然後低賣」的人。在進入大學時

選擇當紅科系的學生，往往在畢業時面臨激烈的就業競爭，和正在衰退的產業。在日本，人們常揶揄說，一些頂尖大學與科系的錄取率將是一個產業走勢的落後指標。

在高等教育領域，「低買，然後高賣」指的是找你具有明顯優勢與熱情的新興領域，這麼做或許冒險，但你更有可能在一個競爭度較低的新興領域名列前茅，縱使在最糟的情況下，你起碼從事的是你喜歡的領域。

除了「低買，然後高賣」，另一個來自事業投資的重要啟示是，當創新成本變得很低時，減少損失沒那麼重要，增加你的贏面比較重要。本章討論了一個概念：調查與分析一項投資的風險或可行性時，其成本不應超過投資價格本身，也別再砸錢試圖拯救錯誤投資。此外，你應該把心力聚焦於有利的部分，把心力和資源投注於滋養你投資組合中的勝出者。

當創新成本降低時，新創公司需要的初步投資通常相當小。在資金稀有且新創事業成本高的年代，握有資金者的力量較高，但現在，在矽谷，有好產品與優秀團隊的連續創業家，往往有力量選擇讓哪些投資人入股。

—— 伊藤穰一

DISOBEDIENCE OVER COMPLIANCE

法則五　違逆勝過服從

沒有反抗，就沒有改變

　　1926年，杜邦公司（Dupont）化學部門主任斯坦（Charles
M. A. Stine）說服了該公司執行委員會投資他所謂的「純科學
或基礎研究」，現在聽起來，這種投資的重要性再明顯不過，但
是，當時離企業研發的年代還很早，事實上，在當時，這是非常
激進的新概念。

　　杜邦公司為何應該雇用科學家從事基礎科學研究工作，斯坦
說他有四個好理由：[1]

1. 科學聲望將帶來廣告價值。
2. 從事開創性研究有助於提升士氣，能招募到擁有博士學位
   的化學家。
3. 新的科學知識可被用來換取其他機構的有益研究成果。
4. 純研究可能得出實際應用。

　　卡羅瑟斯（Wallace Hume Carothers）是首批進入這個杜邦
研究實驗室的科學家，他是來自哈佛大學的年輕有機化學家，在
杜邦實驗室裡，卡羅瑟斯的研究工作專注於聚合物，即由大量更
小的分子結構單位構成的大量分子化合物。當時，斯坦知道，聚
合物的工業潛力巨大，但化學家不甚了解其背後的化學原理，確
切來說，即導致分子彼此結合的力量。卡羅瑟斯的研究快速推進
有關這種「巨分子」（macromolecule）[2]的知識，他的實驗室研
究最終產生名為「氯丁橡膠」（neoprene）的第一種合成橡膠，

以及當時暫時取名為「fiber 66」的第一種合成纖維。[3]

對杜邦研究實驗室而言，不幸的是，斯坦於1930年被晉升，由哈佛大學有機生物學家波頓（Elmer Bolton）接掌化學部門。不同於斯坦，波頓認為，唯有產生商業應用成果的科學研究才有價值，他在1920年時寫了一篇標題為〈研究效率〉（Research Eficiency）的論述，主張必須對研究工作施以管理，以免投入的時間與資金遠遠大於可能獲得的報酬。[4]

儘管波頓側重應用研究，卡羅瑟斯仍繼續追求自己的興趣。1930年代初期，當波頓要求卡羅瑟斯專注於合成纖維的研究時，卡羅瑟斯大量運用他在斯坦自由放任管理風格下發展出來的聚合物相關知識，經過多年挫折，與實驗各種聚醯胺（polyamide）、醯胺（amide）和酯（ester）的結合後，1935年，他終於可以對波頓說：「這就是你要的合成紡織纖維。」[5]此後，這種纖維快速發展，並於1937年申請專利，讓人難過的是，卡羅瑟斯在幾週後因憂鬱症自殺，他的實驗研究劃下句點。[6]

不過，卡羅瑟斯這項最初被杜邦公司稱為「尼龍」（Nylon）的發明，以其本身的動能快速發展。尼龍絲襪問市的第一天就賣出了約八十萬雙，到了1941年12月，尼龍絲襪已占美國絲襪市場30%，這是史上最出色的消費性產品成功故事。[7]

不服從、違逆，尤其是在解決問題等重要領域，其收穫往往大於服從。創新需要創造力，而創造力的發揮通常要擺脫束縛，這讓出於善意（與沒那麼善意）的經理人倍感挫折。其實，我們

還可以更進一步，誠如孔恩在經典著作《科學革命的結構》中所言，新典範的產生，幾乎都是因為某個科學家不擁抱主流思想或概念。[8] 換言之，為產生優異的科學進步，你必須打破規則。沒有人因為做他們被告知或被要求去做的事，甚至是遵循他人的藍圖，因而獲得了諾貝爾獎。

1920年代初，3M公司研究員德魯（Richard "Dick" Drew）把他的研究焦點從該公司聞名的砂紙，轉向一種新的膠帶，他的靈感來自於他的觀察，他發現汽車製造廠的工人在執行雙色噴漆作業時，必須在報紙上塗漿糊後覆蓋於部分車體上，以在車體的其他部分噴上第二種顏色的漆，但在撕除那些覆蓋的報紙時，常會連帶剝落部分噴好的漆。德魯的新研究其實並非那麼迥異於他平常的工作，例如，找出更好的方法把砂紙磨料黏著於紙上，但差異性也足以讓3M總裁麥克奈特（William McKnight）叫他停止這項研究，返回平常的工作上。

德魯嘴巴上同意，但仍然繼續嘗試為汽車業研發出更好的噴漆用覆蓋膠帶。當麥克奈特走進實驗室，發現德魯仍然在做這項研發時，他沒再說什麼，但他拒絕撥經費購買德魯需要用的量產製紙機。德魯不灰心，他稍微繞過規定：他有權限不經審核申請一百美元以下的採購經費，於是他申請多筆九十九美元的採購經費，湊足購買新機器的錢。後來，他向麥克奈特坦承這伎倆，這讓麥克奈特很感動，於是制定了一條新的公司政策：「假如你有對的計畫和對的人才，他們全心全意投入於尋找解決方案，那就

放任他們，別干預他們的進取心，信任他們。」[9]

到了 1925 年，德魯研發出世上第一款使用感壓膠的遮蔽紙膠帶，不久，他終於發明出透明膠帶，從此永久改變 3M 的事業，讓公司從一個製造砂紙與黏著劑的地方性製造商，變成一家充滿多樣性的公司，更獲得了意外的研究，像是便利貼的發明，其實原本只是想研發一款超強黏著劑，卻得出了可重複使用的自黏性便條紙。[10]

卡羅瑟斯和德魯有一個共通點，那就是對自由研究的熱情，他們不受指揮、不理會上司要他們做什麼。這在 1920 與 1930 年代是罕見的，現在或許更為罕見，我們的公司、封閉式工作，甚至教育制度都不鼓勵興趣導向的學習與探索，教導學生循規蹈矩，抑制他們提出疑問。這也是為什麼許多人會覺得，自己年紀愈長愈缺乏創造力的原因，伊藤穰一常在演講中詢問聽眾，有多少人在幼兒園時期覺得自己是優秀的繪畫者，有多少人現在還是認為自己的繪畫技巧不錯，他們的回答在意料之中，也令人鬱悶。

探索、疑問、違逆，這種工作與學習方法創造出網際網路，也使產業從製造業改變成服務業。沒有一個網際網路先驅有事業計畫，也沒有徵詢許可，逕自做他們必須做語想做的事。當伊藤協助創立日本第一個網際網路服務供應商時，電信業者的律師寫信告訴他不能這麼做，但他還是繼續做。創造出矽谷的創新者也是一樣，矽谷至今仍然是這麼特別的一個地方，是敏捷、好鬥、不徵詢許可創新者的活躍中心。

　　吸引創新者來到矽谷與媒體實驗室的創造性違逆文化，高度威脅層級組織裡的經理人和許多傳統組織，但是，這些經理人和組織最需要擁抱這種文化，假如他們想支持組織中最具創造力的工作者，並且在顛覆破壞時代尋求生存的話。擁抱與體現「違逆勝過服從」的創新者不僅增進他們本身的創造力，也激發其他人追求卓越，自1970年代起，社會學家就已經確認「正向反常者」（positive deviants）帶來的正面影響，他們的反傳統行為不僅改善自己的生活，如果這些行為被廣為採納，將有助於改善他們的社區。[11]

　　過去二十五年，「正向反常」被用來對抗發生於全球各地的營養不良、醫院感染、女性割禮，與其他的健康與社會性問題。[12] 正向反常也被企業用於成功推動變革方案，他們徵召公司裡的正向反常者，而不是嘗試由公司高層下達新命令，基本上，就是讓其他人仿效那些正向反常者有益的不服從行為，而不是要求同事遵從一個外來者的規定，藉此促進更高的創造力與創新力。[13]

　　在19世紀與20世紀的工業化量產社會，傾向只有少數人使用創意，其他多數人則是遵從指示。但現在，自動化、3D列印，與其他新技術正快速形塑一個新的工作環境，需要人人都發揮更多的創造力。在這種環境下，最成功者將是那些提出疑問、信賴直覺、拒絕服從規則和規定的人。

遊走於道德邊緣的創新者

　　奧斯汀·希爾（Austin Hill）跟許多涉入電腦資安與數位貨幣重疊領域的人一樣，在創業行動中，時而彈性的解讀標準商業道德這類的東西。奧斯汀於1973年6月18日出生在加拿大卡加利市，是家中七個孩子中的老二。[14]他從小就浸淫於電腦世界，受創業精神薰陶。[15]十一歲時，他已經是一個網際網路電子布告欄的板主，十六歲時創立他的第一家公司，他日後承認，那個公司其實是個騙局，他和一群朋友創立一個名為「Nelson通訊」的事業，讓人誤以為是Nelson電視收視率調查公司的旗下組織，在加拿大各地的報紙上刊登徵人廣告，廣告上說：「觀看你喜愛的電視節目，每週可賺四百至六百美元。」然後，他們發信告知應徵者已被錄取，但必須繳納四十九美元接受訓練。*

　　詐騙伎倆奏效，靠著兜售這訓練課程，Nelson通訊賺了十萬美元，要不是奧斯汀的朋友對他說了一番話，這個詐騙公司可能會賺更多錢。他回憶那位女性友人對他說：「你是我這輩子見過最聰明的人，我真的很失望你只有這樣的本事。」她的這番話讓奧斯汀醒悟，他說：「此後，我創立的每家公司都犯了很多錯，

---

*　譯注：希爾雇人撰寫訓練手冊，並開設訓練課程。他憶述此故事時說，他的背後理論是，凡是笨到相信光看電視就能賺那麼多錢的人都會應徵，而那麼懶惰的人，一定不會撐到完成訓練課程。

但我有一個能夠創造更美好世界的願景……從那天起，我再也不必感到慚愧。」[16]

　　奧斯汀的正規教育在十年級時畫下句點，他因為對一位老師出言不遜而被勒令休學。這其實有點像他家的傳統，他的哥哥漢姆內（Hamnett）在九年級時就停止接受正規教育，後來進入蒙大拿大學，曾跟著死之華樂團（Grateful Dead）巡迴演出。奧斯汀後來在一家電腦商店找了份工作。1994年，奧斯汀造訪被公司暫調至蒙特婁的父親漢米（Hammie），並說服他的哥哥漢姆內一同前往。不久，兩兄弟用父親與奧斯汀前老闆共同投資的五萬美元，創立加拿大最早的網際網路服務供應商Infobahn Online Services，該公司在1996年和Total.net合併，希爾家在1997年以每股180美元賣掉持股，遠高於原本要求的每股2.85美元。[17]

　　出售持股換來的這些錢，成為希爾兄弟接下來的創業資金。專門開發線上隱私產品的零知識系統公司（Zero-Knowledge Systems）顯然超前時代多年，第一項產品「Freedom」使用公鑰加密技術為使用者創造安全的化名（非匿名）數位身分。但是，這家公司引發了爭議，一些記者的報導聚焦於Freedom對消費者的保護功能，但也有記者聚焦於：此產品可能幫助網路犯罪者以化名隱匿罪行。

　　美聯社記者卡利許（David E. Kalish）在1999年12月撰文，形容零知識系統公司是「網路世界隱匿術的販售者」，他在文中寫道：「雖然，該公司的服務，原意是讓網際網路使用者在

溝通思想或線上購物時有更多的隱私，但批評者擔心，這也可以讓不講是非道德者肆無忌憚發送電子郵件，交易非法產品如色情及盜版軟體。」[18]

　　奧斯汀承認，Freedom的一些使用者濫用系統，例如恐嚇美國總統的言論與行為相當普遍，但他說：「我們看到正面使用我們技術的情形遠多於負面使用者。」事實上，從服務的價格到使用化名而非匿名制，Freedom的設計在根本上意圖遏制濫用行為。奧斯汀說：「交談、社群、關係，與堅實的情感連結，是經由反復社會形式形成的囚徒困境[19]。在兩難的反復過程中，當其中一個參與者沒有表明身分，或是覺得不必為自己在社會與社群互動中的行為負責任時，很快就會惡化成逐底競爭（race to the bottom）的情形。」[20]

密碼術與解密法

　　除非對更久遠，屬於間諜活動領域的密碼術環境有一定程度的了解，否則幾乎不可能了解比特幣崛起於何等私密（偏執）、挑剔（憤世嫉俗）的世界。在西亞與西歐，文字與數學知識打從問世時就和密碼術有著密不可分的關聯。

　　1960年代末，研究新石器時代黏土使用情形的法國考古學家舒曼貝瑟拉（Denise Schmandt-Besserat）開始調查從土耳其至巴基斯坦，各地遺蹟出土大批小黏土工藝品的源起及用途。雖然

這些工藝品在以往被學者認為是玩具、避邪護身符或遊戲組件，舒曼貝瑟拉的研究卻認為，這是被用來「對應計數」的符記。用這些黏土來記錄和追蹤物品數量，從麵包、油，到衣服與羊隻等等，全都用製作成物品模樣的黏土來記錄其數量，五個麵包形狀的黏土符記，就代表有五個麵包。

這批最早由黏土捏成的符記問世約五千年後，蘇美文明一群創新的廟宇書記，將原先的黏土符記，衍生發展出最古老的書寫文字。有人認知到，用削尖的蘆稈或骨頭也能表示類似的標記，於是他們就不再需要捏造那些黏土符記了。[21]

不再需要捏造計數用黏土符記後，蘇美人的廟宇書記也得以自由發明出代表數字的新符號，用一種符號代表「三條麵包」，不再需要記錄「麵包、麵包、麵包」。誠如經濟學家馬丁（Felix Martin）在著作《貨幣：未授權傳記》中所言：「想想看，要在一片黏土板上記錄十四萬公升的穀物，就能明白發明出這些數字符號的實用性。」[22]不過，跟現代密碼學發展較有關聯性的是，這種新的簿記法需要簿記員了解抽象的數字，這對於蘇美人另一項技術，即會計的發明，也至關重要。

近三千年後，蘇美人的書寫與數學才傳輸至古希臘（可能是經由與腓尼基貿易時傳入的），但傳入希臘後，就成為形塑現代世界文學與科學的創新泉源。古希臘詩人與劇作家的作品至今仍然被閱讀、演出；古希臘哲學家發展出的務實、理性世界觀為兩千年後的啟蒙運動提供地圖；古希臘商人把蘇美人的抽象數字概

念結合成一種新的、改變世界的經濟價值概念。[23]

　　隨著書寫通信方式普及整個古愛琴海地區，隱藏通信內容的需要性也跟著出現，跟現在一樣，方法主要有兩種，第一種是隱寫術，把明文（想隱匿的訊息）隱藏在某個東西裡。假如你曾經用檸檬汁寫過祕密訊息*，或是看過有數位浮水印的電影，那些就是隱寫術。西元前5世紀古希臘歷史學家希羅多德認為，當時的隱寫術包括把訊息刺青在奴隸的頭皮，再等他的頭髮長長；或是把訊息寫在木片上，再塗上臘覆蓋訊息。比起前者，後者可能更方便，雖然沒前者那麼戲劇化。[24]

　　隱寫術的優點是，這件事本身不會引起注意，但是，假如是收件人以外的第三者發現了這個隱藏的訊息，也難以阻止。例如說，被刺青的奴隸在路上生病發燒，一名善意的醫生為他剃頭抒緩熱度，訊息就被會發現。

　　第二種是密碼術，也就是把訊息編成密碼，只有收件人（或是特別聰明、有毅力的對手）才能破解密碼，但缺點是會引起注意。任何人都可以明顯看出，這是被編成密碼的訊息，除非再用隱寫術進一步隱藏。

　　斯巴達密碼棒（scytale）是最早期的加密方法。方法是：先把一長條羊皮紙纏繞在木棒上，以明文寫下訊息，再把羊皮紙從

---

*　譯注：被當成墨水的檸檬汁乾掉後，紙上的字就看不見了。這時候只要加熱，檸檬汁裡的酸和糖遇熱會產生焦化作用，文字就會顯現。

木棒上解下，此時，長條羊皮紙看起來只有斑駁的痕跡，除非把羊皮紙重新纏繞到一根大小相近的棒子上，否則難以判讀。[25]此外，古希臘歷史學家波利比歐斯（Polybius）發展出一種類似棋盤的5×5方格表，再格中填入字母，這樣一來，每個字母都能以兩個數字（第幾行與第幾列）來表示，於是，想傳達的訊息就可被編成數字。這種方法能在遠距外傳送密碼訊息：以舉火把的方式，把高舉的火把代表行，低舉的火把代表列，這是早期一種電報形式。[26]凱撒大帝也曾使用一種簡易替換密碼：用明文編成密碼時，把每一個字母都換成字母表上往前或往後固定移幾格的字母。許多學童都熟悉這種密碼系統，例如，往後移兩隔，那麼，明文中的A就變成密碼中的C，C變成E，E變成G。[27]

　　這些密碼術相對簡陋，破解的方法也同樣粗糙。在9世紀時情況開始有了改變，阿拉伯穆斯林哲學家阿爾肯迪（Al-Kindi）出版《破解密碼訊息的手稿》（*A Manuscript on Deciphering Cryptographic Messages*）。阿爾肯迪使用進步的數學、語言學、語統計學，發展出一種早期的頻率分析方法。當時，在他居住的阿巴斯王朝首都巴格達，這些學科都在蓬勃發展。

　　他在著作中寫道：「對於一個密碼訊息，如果我們知道訊息明文語言的話，那麼，破解的方法是，找份使用相同語言的不同明文，內容要夠長，大約要填滿一張紙，然後，計算每個字母在這份明文中出現的次數。我們把出現次數最多的那個字母標示為『一』，出現次數次多的那個字母為『二』，出現次數第三多的那

個字母為『三』，依此類推，直到計算完這份明文樣本裡出現的所有不同字母。接著看我們想破解的那份密碼文本，用相同的方法排序密碼文本中的所有符號，然後，把出現次數最多的那個符號改成明文樣本中標示『一』的那個字母，把出現次數次多的那個符號改成明文樣本中標示『二』的那個字母，依此類推，直到我們想破解的所有密碼符號都被字母取代。」[28]

　　歐洲最早的多字母密碼系統是由阿爾貝第（Leon Battista Alberti）所創造出來的，他在15世紀時發表西方第一本有關頻率分析的著作。文藝復興時代著迷於密碼學的學者絕非只有阿爾貝第，許多因素結合起來，為發展更複雜的密碼術與解密法提供了沃土。這些因素包括：歐洲的數學愈趨精進；探索自然界的隱藏型態，可能揭開宗教的神祕或揭露隱藏的知識；印刷術的發明促成空前的資訊散播；文藝復興時代歐洲錯綜複雜的外交環境。16世紀時，德國人崔德米斯（Johannes Trithemius）和義大利人貝拉索（Giovan Battista Bellasso）分別發展出他們的多字母密碼系統，義大利人卡達諾（Gerolamo Cardano）和法國人維吉內爾（Blaise de Vigenère）則是開創了把訊息本身包含在密鑰中的自動密鑰加密法（autokey cipher）。[29]

　　文藝復興時代所有的密碼術創新，都有對應的密碼分析法創新，就如同現今，網路安全技術創新一出現，就有相應的網路攻擊技術創新出現。早期的密碼術使用的裝置相當簡單，例如阿爾貝第用來對應明文字母和密碼字母的密碼轉盤；後來密碼術裝置

的複雜度漸增，到了先進的密碼機，複雜度達到最高點，例如二次大戰期間德國發明的恩尼格瑪密碼機（Enigma machine）。理論上，恩尼格瑪密碼機產生的密碼是無法被破解的，但是，一個簡單的設計瑕疵導致密碼機最終被破解，這個設計瑕疵是：明文中的任何字母經過恩尼格瑪密碼機轉換成密碼後，絕對不會是自己本身。圖靈（Alan Turing）和魏齊曼（Gordon Welchman）在英國布萊切利園（Bletchley Park）領導的解密小組發明了一種電機裝置，幫助發現恩尼格瑪密碼機的旋轉盤設定組合碼。這個被稱為「Bombe」的電機裝置，能夠去除大量不可能的組合碼，只剩下遠遠更少數量的可能組合碼，供布萊切利園裡的解密員去研究，大大縮短了他們成功破解的時間。[30]

　　二次大戰時，德國使用的另一款勞倫茲密碼機（Lorenz cipher machine）以安全的方法把電報機訊息轉成密碼，供無線電傳輸。當納粹以這種英國人稱為「Tunny」的密碼機取代恩尼格瑪後，英國工程師弗勞爾斯（Thomas "Tommy" Flowers）設計出第一部可編程電子數位電腦「Colossus」，成功破解勞倫茲密碼。雖然，Colossus計畫一直被保密到1970年代，而且，所有與計畫相關的紀錄都被摧毀，參與該計畫的一些人仍繼續研發下一代的數位電腦。[31] 他們的研發工作大大得助於優秀的美國數學家夏農（Claude Shannon）在1940年代發表的兩篇重要論文：〈通訊的數學理論〉[32] 與〈保密系統的通訊理論〉[33]。夏農的兩篇論文建立了資訊理論領域，並證明一點：任何理論上無法破解的

密碼必須具有一次性密碼的特徵。

　　原發展於19世紀，一戰快結束時再度興起的一次性密碼，其要求條件是，發文者與收文者都必須有由隨機產生數字串組成的一個密鑰，其長度至少必須與被轉換為密碼的訊息本文等長。每一個數字指示要求的移位，即轉換為密碼時明文字母應該在字母表上向前或向後移幾個位，這使得解密員不可能使用頻率分配分析來破解。但是，一次性密碼也要求密鑰是完全隨機產生的，這可不容易。

　　英國的政府通信總部（GCHQ）把來自Colossus計畫的電路圖加以修改，用隨機雜訊來產生一次性密碼，以避免機械型密鑰生成器，如恩尼格瑪和勞倫茲密碼機可能落入的陷阱，也避免操作員可能重複使用他們用過的一次性密碼這個潛在缺點。[34]其他的一次性密碼生成器曾使用放射性衰變（radioactive decay）的隨機性，或是使用熔岩燈（lava lamp）裡液蠟上下左右擺動的隨機性。[35]不過，無論使用什麼方法來產生密鑰，一次性密碼在實務上太花成本，因此，只有在最不尋常的通信中才會被使用，例如世界領袖間的通信。

　　如果說王子的陰謀驅動了文藝復興時代的密碼術創新，那電腦和冷戰對二次大戰期間與戰後的密碼學家也具有相同的驅動作用。直到1970年代前，密碼學大致上是只有軍方與情報單位鑽研的領域，他們投資在愈來愈強大的電腦，與密碼術和解密法的先進軟體。

　　1970年代的三項創新，開啟現代密碼學之門給好奇的平民。第一項創新是1976年發布的資料加密標準（DES），這是由IBM、美國國家標準局（現為國家標準與技術研究院），與美國國家安全局共同設計的一種對稱式密鑰演算法。國安局堅持，密鑰長度不能超過56位元，或100,000,000,000,000,000個密鑰，國安局相信，民間電腦無法破解這種長度的密鑰，只有該局的電腦能夠較容易的破解。[36]資安技術師施內爾（Bruce Schneier）說：「促進密碼分析術（解密法）領域發展的最大力量莫過於DES，這個領域終於有了一個可以研究的演算法。」[37]

　　同年，密碼學家迪菲（Whitfield Diffie）和赫爾曼（Martin Hellman）共同發表論文〈密碼學的新方向〉。[38]此前，他們兩人曾經批評國安局束縛了DES演算法，將導致該演算法跛腳，因為就算當時的電腦無法破解，不出幾年還是會被破解。迪菲和赫爾曼在合撰的這篇論文中，介紹非對稱式的公鑰加密技術，是第一種公眾可以取得的密碼技術，和政府的系統平起平坐。誠如李維（Stephen Levy）於1994年在《紐約時報雜誌》上撰文所言：「自從迪菲和赫爾曼在1976年發表他們的研究發現後，美國國安局在密碼領域的壟斷力量在實質上就終止了。」[39]

　　〈密碼學的新方向〉提出了一種「公鑰加密系統」，但文中並未指出實行的方法。一年後，MIT的數學家里維斯特（Ronald L. Rivest）、夏米爾（Adi Shamir）與愛德曼（Leonard M. Adleman）共同發展出的RSA非對稱加密演算法實現了這種公鑰

加密系統。[40]在上述三項創新匯集下，醞釀出1980年代的密碼龐克（cypherpunk）運動。

自我思考，質疑權威

毫無意外，在911恐怖攻擊事件餘波中，人們對於奧斯汀的「Freedom」系統疑慮加深，但是不勞批評者費心，零知識系統公司已經決定移除Freedom的化名制，並且把公司業務焦點轉向企業資安。當時，奧斯汀解釋：「Freedom已經在隱私科學領域挑戰極限，但目前，在市場接受度方面超前時代。」或者，如同Junkbusters Corp.總裁所言：「他們的網路設計總是像勞斯萊斯等級，沒有足夠多的人願意付那麼多錢使用。」[41]

失去旗艦系統，再加上科技泡沫破滅，使得零知識系統公司受創，但還是存活下來，2005年時改名「Radialpoint」。那年，哥哥漢姆內進入「安永年度創業家獎」決選，這回則是哥哥跟隨弟弟的腳步，奧斯汀曾於2000年入選加拿大魁北克省「安永年度創業新秀獎」。[42]

奧斯汀在2006年離開零知識系統公司，轉戰創投業，創投於新創事業早期階段的天使投資公司Brudder Ventures，在當時是蒙特婁少數聚焦於投資新公司的創投公司。他開始結合對科技、創業精神、慈善事業與社會變革的興趣，發展名為「Akoha」的遊戲：每個玩家將收到一疊任務卡，上頭印了任務建議，要玩

家去設法讓某人開心，或改善其生活。完成此任務後，玩家把這張任務卡交給這位被造福者，鼓勵他也去造福一個人，就這樣順序傳承下去。最成功的任務被會玩過最多次，玩家的線上日誌提供一個寶貴資源，可看出哪些任務與方法最有成效。[43] 雖然，Akoha發展出一個堅實的玩家社群，但從未能達到其營收目標，這遊戲在2011年結束，奧斯汀離開此公司。[44]

　　2013年末，奧斯汀與曾經是零知識系統公司初始團隊成員的拜克（Adam Back）再度聯絡上，被霍夫曼形容為「在比特幣圈僅次於中本聰」的電腦科學博士拜克，招募奧斯汀加入他的新創公司Blockstream。[45]Blockstream的業務聚焦於為核心的比特幣區塊鏈開發側鏈（sidechains）＊，以及其他的創新，旨在把比特幣技術轉化成一個平台，讓原本需要可信賴中間商的交易與活動能夠在這個無需中介者的平台上進行，例如股票交易、自動執行智能合約，與其他的Bitcoin 2.0應用。這個平台也讓有創新點子的開發者可以直接建立比特幣應用程式，不需要觸及比特幣核心程式，或是放棄他們本身發展的加密貨幣。

　　Blockstream的潛力吸引感興趣的投資者，包括時任Google執行董事長的施密特（Eric Schmidt）與他人共同創立的創投公司Innovation Endeavors、雅虎共同創辦人楊致遠創立的創投基金

＊ 譯注：基本上，側鏈就像區塊鏈的應用程式。

AME Cloud Ventures、霍夫曼，與其他的科技業巨人。該公司也引發爭議，因為比特幣核心的幾位開發者也將為Blockstream工作，一些比特幣熱心人士擔心此舉會使比特幣核心蒙害，因為這些開發者將分身乏術，或因為他們將面臨兩者間的利益衝突。Blockstream是個營利事業，這尤其引起關切，Reddit網站會員historian1111這麼說：「我以前和奧斯汀‧希爾交談過，但和他處不來，我懷疑他的賺錢模式與最終目的，是想在比特幣的發展中建立一個壟斷事業，我認為他在利用你們這些開發者。」[46]

　　奧斯汀並未公開回應這些爭議，但他也沒理由回應。在開放源碼社群，這類爭議稀鬆平常，有關Blockstream的爭議，似乎不太可能影響到比特幣或該公司的未來發展。

　　多數系統在遭到攻擊或高壓下崩潰，但一些系統，例如免疫系統或網際網路，在遭受攻擊後變得更加強壯。攻擊會帶來一些傷痛，但這些系統會調適，然後變得更加堅實。媒體實驗室裡的研究計畫充滿複雜性，這裡的研究人員試圖尋找可能甚至不存在的事物，想管理這裡的人員與計畫，唯一辦法是創造一個能自我調適的系統。

　　為提高媒體實驗室裡每一個人的創意產出，往往必須讓他們認知到，他們無需知道「正確」解答是什麼，無需知道這機構對他們有什麼要求，無需知道他們必須要遵從什麼。當然，這裡有一些方針，而且身為一個大機構，自然有一些必須遵守的規定，但這些規定不是重點，重點是自由行動，不必請求准許，如心理

學家里利（Timothy Leary）所言，要「自我思考，質疑權威」，才能產生突破。[47]

　　一個每年以「突破」語「影響性」來評量成功的機構，需要鼓勵並擁抱違逆的文化和制度，把異端和批評視為不僅必要，且對生態系有益。

　　MIT慶祝創校150週年時，出版了《狂夜》（*Nightwork*），對於發生於校園裡的種種「惡作劇」津津樂道，MIT歡迎學生想辦法把一輛學校的巡邏警車搬上校園中央建築物的圓形屋頂。[48]在媒體實驗室，特別受到喜愛的故事開場白是：「原來……」其實意思是：「我們以這麼酷的方式錯了。」

　　還有，必須指出的一點是，違逆不同於批判。舉例而言，有一種很重要的設計運動，名為「批判性設計」（critical design），為我們這些科技人員經常擁護的現代技術烏托邦提供一個批判思辨的角度。但是，批判思辨的對象是我們的工作、成品，違逆則是我們的工作本身。

　　如果沒有電腦網路駭客，資安就不會改進；如果沒有腸道裡的微生物（不論好或壞的微生物，但多數微生物顯然都介於好壞之間），我們就不會存在。[49]

後記：明辨是非的違逆

　　在媒體實驗室的主會議室裡，我常在其中一面螢幕上展示九大法則。某天，我和MIT的法律總顧問迪文森佐（Mark DiVincenzo）會面，看到「違逆勝過服從」這個法則時，他面露驚訝。在一所大學裡，「違逆」聽起來顯然不是你想提倡的東西，尤其是當它的成本是捨棄「服從」時。我很快就認知到，我必須做出解釋。

　　我從我很喜歡、本章也提到的一句話談起：「你不會因為做你被告知或要求去做的事而獲得諾貝爾獎。」接著解釋，若沒有民間的違逆，美國民權運動不會發生；若沒有甘地及其追隨者的和平主義、但堅絕不從，印度不會達成獨立；英格蘭的波士頓茶黨也相當違逆、不服從。

　　對社會有益的違逆，以及對社會無益的違逆，這兩者有不易分辨的分界，有時候只有在回顧時才能明顯看出。我不是在鼓勵人們違法或只為違逆而違逆，但某些時候，我們必須先回到基本原則，思考法律或規範是否合理，是否該質疑。

　　社會與機構通常傾向偏好秩序，遠離混亂，這種傾向在過程中抑制違逆，也可能抑制創造力、彈性、及有益的改變，長期而言，有害社會的健康及永續力。舉凡學術圈、企業、政府、我們的社區，這道理皆適用。

　　我喜歡形容媒體實驗室是個「違逆風格濃厚」的機構，這個實驗室的模式之所以強健，部分是因為存在違逆與歧見，並且以健康、富創造力、且尊重的方式呈現。我相信，「違逆風格濃厚」是任何健全的民主體制和任何開放社會繼續自我修正與創新的不可或缺要素之一。

　　2016年7月，我們在媒體實驗室舉辦一場名為「被禁止的研究」（Forbidden Research）的研討會，會中有學者談到政府無法破解的端對端密碼術，以及必須針對性愛機器人對個人與社會的影響進行科學研究的重要性。會中也討論到把使用基因驅動（gene drive）技術改造後的生物釋放到野外，以及極端地質工程，例如把冰晶塵撒入平溫層以反射太陽光線，使地球降溫。研討會上還有我相信是首創的公開談論一椿校園惡作劇（campus hack，MIT對特定類別惡作劇的取名），學生在晚上把一輛消防車搬上校園中央建築物的圓屋頂上。

　　史諾登（Edward Snowden）來了一場視訊會議，談論在戰場上保護記者的技術；非法在線上免費提供所有學術論文而引起學術期刊與出版商驚慌憤怒的Sci-Hub網站創辦人艾爾巴金（Alexandra Elbakyan）也參與了這場研討會。

　　我們也在這場研討會上，宣布成立一個由霍夫曼提供二十五

萬美元的「違逆獎」，將頒發給我們認為做出對社會最有益的優異違逆行徑的個人或團體。

　　MIT 的一些資深教職員告訴我，這場研討會令他們感到不安，但他們很高興看到會中的演講與討論嚴謹且嚴肅。跟我一樣，他們覺得 MIT 是這世上少數能夠以學術方式和嚴肅態度討論這些主題的地方之一，為這類討論及這類研究提供場所，是 MIT 這種違逆風格濃厚的機構應該扮演的角色。

── 伊藤穰一

PRACTICE OVER THEORY

法則六　實行勝過理論

變化成為常態，慢慢來不會比較快

理論上，理論與實行別無二致；

但實行上，兩者有別。

—— 貝拉（Yogi Berra）[1]

貝雅拉斯汀教育大樓（Bayard Rustin Educational Complex）外觀像座老工廠，就某種意義上來說，的確是。紐約市公立學校創始於1931年，當時是紡織高中（Textile High School），就位於這棟大樓，地下室有個實際的紡織廠，學校年鑑名為《織造》（The Loom）。[2]此後，這棟大樓幾經改變用途，目前則是用來容納六所公立學校，但其中只有一所學校在每個核心學科中放入電玩遊戲。

探索學習學校（Q2L）[3]占用這棟舊紡織高中大樓兩個樓層，學生不上科學課，但他們在「事物運作方式」這門課學習科學。他們沒有英文課，或是專業教育家所謂的英語藝術課，但「代碼世界」和「存在、空間與地方」這兩門課有教英文。體育課呢？課程表上沒有，試試課程表上的「健康」這門課吧。該校教師也沒有把課程組織成「單元」形式，例如：「岩石與地形」單元；課程裡有「探索」、「任務」，最終達到「首領等級」，這是遊戲玩家都熟悉的詞彙。Q2L的行政管理者堅稱該校的目的並不是培育出下一代的遊戲設計師，該校共同總監夏皮洛（Arana Shapiro）說：「我們教的是21世紀的能力。」

這在多明尼克聽來，可能會覺得是新聞。十一歲的他正歷經

一場通常是有志成為藝術家或詩人者會歷經的「評論會」，他的同儕，另外二十三名上「心智運動」課程的六年級生，正對多明尼克的電玩遊戲提出反饋意見。「我的意思是，所有敵人全都會造成傷害，除了犀牛首領。他們每次射你都會造成傷害，但是，如果T-Rex擊中你，你就會完全失去性命。」一位學生說。

「好的，賽勒斯，全都是不錯的觀點。」充滿活力的老師迪明尼克（Michael DeMinico）說。多明尼克不是很認同，他帶著懷疑的眼神望向賽勒斯，坐在椅子上扭動，舉起手，開口說話，老師對他說：「多明尼克，等一下會輪到你說話。」

老師轉向端正坐在教室前排的金髮女孩莫莉，這是她在這堂課上第二次說明基本規則：「非常重要的一點是，有人和我們分享他的遊戲，你要幫助他們改進這款遊戲，要坦誠，但友善，把分享遊戲的那個人當成你自己。」

這評論會又繼續了五分鐘，這些孩子展現出種種你可能會在企業會議室裡看到的微妙言語和姿勢。最後，老師讓多明尼克回答同儕遊戲提出的評論，不是防衛，而是嘗試說服、調和。整個過程有點像在觀看孩子在做成年人的演出，這正是重點，夏皮洛說：「我們認真聽大學與企業說畢業生欠缺什麼能力與技巧，與通力合作最需要哪些能力。」

Q2L是一所公立學校，因此不能只教學生如何設計電玩遊戲和建構魯布・戈德堡機械（Rube Goldberg machine）之類複雜的裝置，學校還得做點別的。紐約市沒能倖免於國家對標準測驗

的狂熱，夏皮洛說，截至目前為止，Q2L的學生在那些標準測驗中的表現只稍高於平均水準。但這樣的測驗成績，很難為該校的反傳統教育方法背書。事實上，我詢問一位在該校辦公室裡等候的家長對Q2L的看法，她聳聳肩，說：「我想，應該還好吧，我的兒子喜歡玩電玩。」

不過，從另一種指標來看，Q2L可能已經達成目的。夏皮洛指出，這所學校連續四年在數學奧林匹亞競賽表現優秀，她說：「競賽需要孩子通力合作解數學題目，我們學校的學生在平時的課堂上做太多通力合作的事了，因此，這對他們來說很自然。」

側重實行勝過理論，是認知到，在更快速的未來，變化成為一種新常態，等待與計劃的成本往往高於動手做和臨場應變。在步調緩慢的美好舊年代，為避免可能造成財務災難與社會恥辱的失敗，計劃是必要的步驟，幾乎任何行動都是，需要資本投資的行動尤其是。但在網路時代，領導有方的公司擁抱、甚至鼓勵失敗，現在，推出產品（例如一系列新鞋款）或服務（例如諮詢顧問服務），成本已經大幅降低，企業普遍把「失敗」視為成本划算的學習機會。

這聽起來也許有點嚇人，但可能是項非常強而有力的工具。當你側重實行勝過理論時，你不需要等待核准，不需要在展開行動前做出解釋。展開行動後，如果環境改變，或發展過程出現預期外的轉變，不一定需要停下腳步搞清楚發生什麼事，才能繼續前進。你能夠側重實行勝過理論的程度，取決於你做事的性質：

基礎建設與其他資本密集性質的計畫，能夠反復且低成本冒險的機會顯然較少；反觀軟體開發或行銷等較軟性的工作，有非常新的成本結構，能夠反復冒險嘗試的機會較多。

舉例而言，敏捷軟體開發利用創新成本的降低，側重於調適性學習、盡早遞送給客戶、能夠對意外挑戰做出臨場應變，這種軟體開發方法很快就流行起來。

這明顯有別於傳統的產品發展方法，需要先詳細規劃，才能開始生產。由於一項產品的推出可能需要投入可觀資本在新機器與改變現有工廠設備，失敗的成本較高。

再舉一個例子：杜邦公司的工程師團隊在華盛頓州漢福德鎮設計 B 反應爐（B Reactor，第一座以全規模量產鈽的反應爐）時，與該團隊共事的物理學家不明白，他們為什麼堅持要畫那麼多藍圖，或他們為什麼想為設計保留那麼大的錯誤空間。物理學家費米（Enrico Fermi）告訴杜邦工程師葛林華德（Crawford "Greenie" Greenewalt）：「你們應該盡你們所能去找捷徑，盡一切辦法，盡快打造一大堆，然後測試，要是行不通，就找出原因，打造出另一個行得通的。」[4]

當然，建造一座核反應爐時，沒人想抄捷徑，或便宜行事。但費米的建議是「實行勝過理論」，就算是重要、且有危險性的基礎設施。不過，在此例中，那些工程師沒有計算這種快速迭代所需的資金或材料。你可以把這拿來相較於從媒體實驗室出爐的許多作品，學生經常在與同儕閒聊時心生靈感而去打造原型，在

許多案例中，從發想點子到打造出原型，只花了幾小時，第一次的迭代可能在一天內就發生。他們可以這麼做是因為技術（例如進步的製造方法）和開放源碼軟體已經大舉降低創新成本，使得實際嘗試做東西的成本，比光說不練的成本還要低。儘管如此，一些組織花在研究提案和決定要不要投入資金上的時間，仍然多於實際去做所需花費的時間。

當一個經理人或領導人採行「實行勝過理論」的法則時，本書其他法則的某些目標將會更容易做到。在側重實行勝過理論的法則下，實驗與跨學科合作將不再是什麼激進的想法，反而更像是最佳實務，這將使一群人，無論他們是員工、包商或合作於一項學校計畫的學生，都有機會去探索新領域，從做中學習，不需要他們長期投入在一個新領域。這也降低了創新成本，讓有才能的人可以把時間貢獻在他們平日專長領域以外的計畫。

Google 很有名的一項措施是，讓員工可以把20%的時間投入於他們選擇參與的計畫。從指揮與控管管理學派的觀點來看，此舉充其量是提升員工士氣的一種昂貴方法；但在Google看來，這是產生新產品點子的便宜方法。事實上，大量創新源自此方案，最終為Google創造龐大收入。[5]

這種方法不限於從事製造或軟體開發的組織。合成生物學把「實行勝過理論」應用於創造活細胞；一些教育系統讓孩子參與主動學習，使用「Scratch」等工具來學習電腦編程原理，並應用於他們感興趣的計畫，這其實就是如同Q2L的教師所說的，奉

行「實行勝過理論」的法則。事實上，Q2L的基本理念可以總結為「讓孩子從做中學習」，這概念可以遠溯至蒙特梭利（Maria Montessori）與之前的教育先驅。不過，在當前這個愈來愈多測驗的年代，在多數學校，實行的觀念很可能被輕忽，與發生在各種產業的許多組織裡的情形相同。

舊方法根深柢固，舉例來說，許多非營利組織是指標導向，當你確知你想做什麼時，指標可幫助你評量進展，但是，指標也可能抑制創新。資金高度仰賴補助款的非營利組織可能變得束縛於漸進主義，想申請一項補助計畫提案，不僅要說明打算執行的研究，也要說明將如何評量成效，將無法探索意外的途徑或有趣的錯誤轉彎。

學習編程，是為了學習思考

2013年12月，兩西投資公司的一間小會議室裡，聚集了一群青少年，這是和瑞斯尼克共同籌劃推廣孩童編程語言Scratch的席格所創立的一家避險基金公司。[6]從地圖上來看，這些青少年大多住在離此辦公室僅需步行距離的社區；但從任何其他面向來看，他們像是生活在一個全然不同的宇宙，他們是城市小孩，大多是黑人或拉丁美洲裔，在科技領域，該族群的人數比例相當低。這些青少年每週到兩西投資公司上課，這是席格在幾年前創立某個方案的一部分，他鼓勵公司裡一些最優秀的程式設計師從

工作中抽出部分時間，教這些孩子編程。

　　這方案是在席格和瑞斯尼克合作與創立Scratch基金會前就開始的，由此可證他的誠意。他從不對外炫耀他和當地學校的合作關係，也從未發新聞稿宣傳，傑夫是在與兩西投資公司員工施萊柏（Thorin Schriber）談話時無意間得知此方案的，施萊柏幫助席格統籌方案。

　　那天在場的，除了這群學生，還有三位穿著入時、腳踩高跟鞋的女性，她們是兩西投資公司的員工，但那天，她們來此參加配合國際電腦科學教育週所舉辦的「一小時玩程式」挑戰，此為非營利組織Code.org發起，該組織有相同於Scratch基金會的一些目標。那週結束時，主辦單位宣布，總計有大約兩千萬人合計撰寫了六億條程式。

　　Code.org口袋深，有一票耀眼金主，如祖克柏、比爾蓋茲，與推特創辦人多西（Jack Dorsey）。該組織創立於2013年2月，但不是人人都很認同。不久，長期喜歡在電腦業中找碴的溫納（Dave Winer），在他的部落格Scripting News上寫道：「你應該因為喜歡而學編程，因為覺得有趣而學編程，因為覺得可以用你的智慧創造出機器是很棒的事而去學編程。軟體是行動數學，是一種智慧奇蹟，如果你能夠在編程方面表現優異，那絕對是很棒的事。」但他非常不認同Code.org強調要培育美國人，讓他們能夠在全球市場上競爭。他說，如果他是小孩，聽到這個，會拔腿就跑。[7]

　　溫納的觀點可以代表那些受到熱情驅使、非出自實利主義而學編程的程式設計師，他們自然不願意看到一門藝術被貶為一項職業訓練。

　　無論出於什麼動機，任何想把編程融入全國課程中的行動，都面臨艱難阻撓。「我們不缺聰明人去嘗試了解如何讓孩子學習編程，教導他們發展這些21世紀的技能。」瑞斯尼克說：「但他們面對的阻力是，學校與學區說，這不是一條能夠幫助學生在測驗中拿高分的重要途徑。」想讓編程被納入優先學習的技能，倡導者需要兩路策略，不僅要說服居高位的州政府官員制定這樣的政策，也要說服在美國教育體系中站在前線的老師。

　　這是說易行難的事。有一些研究顯示，Scratch等視覺程式語言在教小孩基本的編程方面具有成效，接觸的孩子喜歡這種體驗的程度，足以提高他們考慮將來從事STEM（科學、技術、工程、數學）職業的可能性。[8]運算思考力不容易評量，尤其是，使用多數美國學校倚賴的那種標準化測驗，更難評量出這種能力。

　　至少，從一些軼事來看，似乎存在著這種明顯的因果關係，而且不只是Scratch與數學高分之間的關係，一名學生盧卡說，Scratch對他幫助最大的是英文課程，因為能幫助他說故事。

　　聽到這裡，瑞斯尼克露出微笑，他看起來並不驚訝。他打的是長期戰，一個接著一個贏得學生認同，一個接著一個贏得教師認同。他雖然為Code.org的成果喝采，但對兩者畫出明顯區別：「近年來，愈來愈多人對學習編程感興趣，但這是因為他們想提供

一條途徑，讓人們能夠成為程式設計師和電腦科學家。這是個好主意，我們真的需要更多的程式設計師和電腦科學家。不過，我們不認為那是最重要的使命。」

Code.org、CodeAcademy與其他組織致力於推動更多美國學校納入電腦科學課程，這當然非常有企圖心，但是，瑞斯尼克與席格的目標更宏遠。「我們讓孩子學習寫作，並不是因為我們想要他們成為新聞工作者或小說家。」瑞斯尼克說：「我們教孩子寫作是因為寫東西可以幫助你學習。我們用寫來表達我們的思想，同理，我們也用編程來表達我們的思想，這是人們不了解的一點。教人們編程的主要目的並不是幫助他們找到工作，雖然，這是個很棒的副作用。事實上，教人們編程是教他們思考。」在他們看來，電腦科學並不是一個科目或一門學科，而是每個科目或學科的根基。

很殘酷的諷刺是，目前最支持Scratch基金會使命的學校，是那些最不需要該基金會支援的學校，私立學校與富裕學區已經開始熱烈的把機器人學與編程納入課程裡。這種分歧只會加深原本就已經存在於全美各地學校的學生學習成果落差。

語言學家、教育家暨遊戲世界師詹姆斯·季（James Gee）說：「我們最終可能形成兩種學制，其一是富人的學制，其二是窮人的學制。」窮人的學制為測驗而教，遵循共同課程，保證能學習基本的東西，適於服務業工作；富人的學制側重解決問題、創新，與生成新知識所需要的技巧，讓孩子在全球體系中能擁有

傑出表現。他指出，最新的民權戰場不在於投票權，也不是在於公平就業機會，而是代數學。[9]

在一台電腦上，特權是通路的同義詞。有些使用者有管理特權，讓他們決定誰可以使用這台電腦；有些人有創造的特權，有些人就只有消費的特權。對於我們此處探討的這個議題來說，這是一個生動的比喻，隱含了一整個國家必須回答的問題：在愈來愈複雜的未來，誰有特權？

這是很微妙的觀點：編程教學生如何解決問題與創意思考。不過，最迫切需要 Scratch（和可以跑這類程式的電腦）的那些學校，如果學生能夠成為程式設計師或軟體工程師，將欣喜若狂。席格說：「我們不能只說服一些學校教 Scratch，那樣不夠，我們必須說服所有學校都教這個。」

要實現這個願望，有相當難度。2013 年的 Scratch 日（吸引家庭與其他人對 Scratch 感興趣的週年慶）安排一個教育者單元：「用 Scratch 有什麼好處？」由哥倫比亞大學的藝術教育專家賈斯提斯（Sean Justice）主持。七名教師圍繞會議桌熱烈討論，反映學校與教師普遍對該主題的懷疑心態。

「有老師詢問我數位工具，我說：『你們聽過 Scratch 嗎？』他們回答：『什麼？沒有，沒聽過，那是什麼東西？』我告訴他們，那是一種為小孩設計的程式語言，也是一種社群網路，與分享交流和社群有關。」賈斯提斯說，他們面露疑惑，等到他解釋完 Scratch，他們的反應是：「幹麼要花這些工夫？」他說：「我

連說服他們試試這方案都已經很難了，更遑論要他們把這東西加到他們的課程裡。」

在座的這些教師心有戚戚焉的點頭，他們也有相同的遭遇，無一例外。這些教師包括：布魯克林區帕克中小學的電腦教師肯基爾（Keledy Kenkel），這所學校是紐約最優異的一間私立學校；藍校（Blue School）的四年級教師、熱中探索技術的萊利（Maureen Reilly），這是一所由藍人樂團（Blue Man Group）成員創辦的獨立學校。這些是熟稔科技的教師，任教於美國最優異的學校，但就連他們也不容易把這種思維引進他們的學校。

2013年Scratch日結束過後幾星期，一名和教育政策制定者有深入交情的資深教育家指出，Scratch受到廣泛批評：「某些矽谷人士說，Scratch不是真正的程式語言，因此，小孩將來得先忘卻那些壞課程，才能教他們真正的程式。」但夏皮洛說，Scratch基金會的使命面臨到的更艱巨挑戰，即學校目前聚焦的「跨州共同核心課程標準」。

盧卡和他兩個同學回擊前述疑慮與批評，他們說Scratch幫助他們提高在校成績。此外還談到種種其他助益，例如，其中一個小孩梅（Peter May）說：「Scratch教我東西，讓我在玩樂中學習。」事實上，正是這些理由，促使心理學家皮亞傑當年對「玩樂」的功用提出了新概念。

那麼，讓每個孩子學習編程，有什麼功效呢？這個疑問的一個答案可能很快就會出現。波羅的海國家愛沙尼亞全國到處提供

免費Wi-Fi，該國從2012年開始教所有小一生編程，沒有人去研究這全面普及新課程的影響性，但此政策獲得該國總統艾夫斯（Toomas Hendrik Ilves）的強力政治支持。艾夫斯在受訪時說：「在愛沙尼亞，我們從一年級或二年級就開始外語教育，如果你在七年級或八年級時學習文法規則，試問，那跟學習編程規則有何不同？事實上，編程遠比任何語言更有邏輯。」[10]

這觀念正在散播，自2014年9月起，英國公立學校的所有中小學生都必須學習電腦編程。[11]截至目前為止，美國政府仍然拒絕制定這樣的全面性政策，但這有可能改變，一位和教育家與華府政策制定者有交情的高影響力創投家說，美國教育部裡頭有討論到在全美推行Scratch的議題。2014年時，麻州商界教育聯盟委託的一群教育專家，在研究後對該州提出建議書。[12]「我們建議，應該規定在每一個層級的課程中納入編程教學。」該建議書共同作者，培生出版集團（Pearson）執行副總里茲夫（Saad Rizvi）說：「我們也覺得，Scratch將是在幼年早期教導編程的最佳方法。」[13]

瑞斯尼克仍然抱持樂觀，他向來都是個樂觀的人。他在大約十年前的一場研討會上談此概念時，一名聽眾問：「二十年前，派普特不是做過相同的東西嗎？」這句話並非在恭維瑞斯尼克，他的意思是，瑞斯尼克玩不出什麼新花樣，了無新意，但是瑞斯尼克沒中圈套。

「沒錯，我正在做的東西就是派普特二十年前做的東西。」他

回答：「我認為這是值得做的事，我們正在做出進展，如果我把餘生投入於這些事，我會感到快樂且驕傲，因為這重要到值得我這麼做。」

從做中學習

我們談學習（不是談教育），實際上要談的是教導人們如何學習主動、互動的連結系統，而不是單向、由上而下灌輸知識的傳統模式。教育是別人對你做的事，學習是你為自己做的事。

學習導向制重視學生的興趣，為學生提供發現興趣與從事興趣所需要的工具。在制式教育機構中，可以根據成效證據來安排教學，循序漸進，與此同時，讓學生有空間可以建構他們自己的課程項目，尋找導師，和同儕分享他們的知識。

為使學生投入，學習導向制的社交層面尤其重要，哲學家暨教育家杜威（John Dewey）早在近一世紀前就認知到這點，他當時呼籲當局讓學生的生活與學習無縫整合起來。[14]大量研究顯示，當學習的東西和興趣、個人關係，與想追求的機會有所關聯時，學習的成效最好。但是，美國與許多國家的傳統教育制度仍然採用不關聯的、成績導向的方法，使用過時的模式，假定只要對孩子施以十二年夠嚴格的教育，他們就會具備在快速變化的社會與經濟環境中出人頭地的技能。[15]

這種模式，仍然側重死記硬背的學習和被隔離開來的測驗，

猶如坐在山頂，拿著一支HB鉛筆，不能上網。但在未來，最成功的人將是那些在困難與挑戰出現時，能夠透過他們的人脈與網絡去學習，並足以應付困難與挑戰的人。這也是學習勝過教育、拉力勝過推力的地方：不要求學生儲存知識，教他們在需要時從人脈與網絡中拉進需要的知識。這也可以幫助他們發展必要技巧去擴增、培養與航行於能幫助他們終身學習的社會性網路。

　　無論學生的興趣何在，有各種連結將為他們提供更多更深入探索興趣的機會，讓他們能在計畫與討論中做出有意義的貢獻。社群媒體與其他的通訊技術，已經讓年輕人和成年人更容易找到志趣相投的朋友，但許多學生仍然沒有機會參與線上社群，因為他們的學校欠缺資金，或是因為他們的學區試圖保護他們，避免他們和有限社交圈外的世界互動，或是因為掌管他們教育的成人認為網際網路會導致分心。

　　雖然，美國教育政策的近期改革嘗試把課程現代化，在課堂中引進更多科技，但是，光引進科技並不夠。在許多學校，教師沒有時間去學習新科技，或是缺乏制度性支援去把科技融入課程中。克服這些問題的一個方法是，邀請熱中科技的主題專家到學校，和學生分享他們的知識，由教師督導評量，並在必要時引導交談。

　　在教師和主題專家都必須現身教室的年代，或許無法採行這種解決方案，但現在，社群媒體、串流視訊，與其他的即時通訊技術讓學生和他們的教師，得以連通世界各地能夠分享知識的專

家和啟發靈感的導師。麥克阿瑟基金會旗下的連結學習研究網路中心主任伊藤瑞子（Mimi Ito，伊藤穰一的妹妹）說，這是把以往集合於一人身上的主題專家、教學與評量等功能予以「分拆」（unbundling）。這種分拆讓老師可以專注於他們的專長領域，即教學與評量，讓外面的主題專家點燃學生的熱情，幫助學生發現他們的興趣所在。

雖然，同一間教室裡的所有學生不會對同一件事物感興趣，但讓他們參與興趣導向的學習（實行），往往可以幫助他們應付課程中更乏味但必要的東西（理論），為他們提供全面的體驗。在幼兒園和大學都休學的伊藤喜愛潛水和熱帶魚，想充分探索這些興趣，潛水學生必須學波以耳定律背後的數學、水化學、海洋生態學、科學命名公約。最近，他重溫線性代數，學習馬可夫模型（Markov Models），因為媒體實驗室的一個學生嘗試教他「機器學習」（人工智慧的基礎），他想了解這些內容。這些東西跟伊藤的制式學術生涯沒有直接的關係，因為他一開始學的是電腦科學，後來學的是物理，但為了繼續探索他想探索的知識，他必須學這些東西。[16]

這就引領出我們主張應該側重學習勝過教育的另一個理由。課程的變化通常根據當前與預期的市場需要，學生在選擇專注於何種學科時，也是以此為根據。但是，隨著科技與社會變化速度持續加快，學生如果只吸收學校供給他們的教育，沒有發展興趣導向、自我指導的終身學習能力，將會恆常處於不利。有學習熱

情的學生，在完成制式教育後，總是能夠繼續自我學習那些他們必須懂的東西。

前瞻思考、有創新力的公司可以幫助學校把焦點從教育轉向學習，方法是，這些公司訂定新的招募遴選人才標準，側重創造力與技能，而非側重特定學位、特定大學或特定科系。解決這個問題的一種彈性方法是，結合技術性與社會性工具，把招募人才的網撒得更廣。例如，想招募程式設計師的公司，可以邀請應徵者參加一場公開競賽，然後用演算法分析他們的作品。接著，該公司可以邀請最佳應徵者，提供公司可以考慮招募的其他對象名單，這應該能讓公司把徵才網擴展到舉辦校園徵才的少數幾所學校外，提供機會給那些原本可能成為漏網之才的非傳統應徵者。

媒體實驗室透過實際行動，聚焦於興趣導向、熱情導向的學習，也致力於了解這種形式的創意學習，並推廣到社會裡，因為社會將愈來愈需要更多的創意學習者，需要較少的問題解決者，因為愈來愈多的解決問題工作，機器人和電腦將比人做得更好。

威斯納（Jerome Wiesner）是1971至1980年間的MIT校長，除了聰穎、有膽識，他還兼具藝術與科學的獨特背景。當時，建築系年輕的教授尼葛洛龐帝的辦公室，正好很靠近威斯納司機等候他的地方，因此，威斯納每天都會經過尼葛洛龐帝的辦公室，尼葛洛龐帝也因此和威斯納熟了起來。

威斯納準備從校長職位退休時，可以明顯看出，他其實還不打算退休。有一天，他問尼葛洛龐帝：假如你可以設計一間大膽

的新實驗室或部門，你會怎麼做？尼葛洛龐帝抓住機會，說：我正好有個構想。

坐在MIT校友、媒體實驗室長期顧問委員德瑞弗斯（Alex Dreyfoos）的船上後方，尼葛洛龐帝心生起一個建立兼具藝術與科學新部門的構想，該部門將延攬MIT最優秀的教授，例如MIT出版社藝術總監庫柏（Muriel Cooper）、人工智慧先驅明斯基，還有開發Logo程式語言的電腦科學家暨教育理論家派普特。

他們能否建立一個同時是實驗室的部門，讓研究本身同時是學習呢？這部門能否被稱為「藝術與科學」？

尼葛洛龐帝經常回憶那段時期，說當時就像開著一輛有隻大猩猩坐在旁邊的車子，每當校方以違規攔下他時，他們就會看到威斯納坐在旁邊，叫他們放行。前瞻的前校長，配上激進的才子尼葛洛龐帝，這個神奇組合為此實驗鋪路，創造出媒體實驗室。

創立媒體實驗室時，尼葛洛龐帝和威斯納打破制度，讓實驗室有自己的學術部門，在建築與規劃學院下設有媒體藝術與科學研究所碩士班及博士班。這是一項重要創新，儘管MIT向來非常側重實作，校訓是「手腦並用」，讓媒體實驗室往「從做中學習」的方向更加推進。媒體實驗室創立時，媒體藝術與科學研究所幾乎沒有開設任何課程，謹建立一個制度：研究計畫就是學生和教師的學習方式，在建造中學習，而不是在講授中學習。

十多年的教學法研究顯示，無背景脈絡的學習非常困難，但我們仍然教導學生使用教科書和設置抽象的問題組。儘管證據顯

示，讓學生在考試中通力合作，可以改進學習成果，我們仍然要求學生在測驗時不得作弊，對一個抽象問題提出「正確」答案。[17] 我們教導孩子（與成年人）要準時、服從、守規矩、守秩序；我們不鼓勵玩樂，或是規定只有休息時間才能玩樂。我們把數學和科學搞成「嚴肅的東西」，然後，當學生不追求科學、技術、工程與數學領域的工作時，我們又苦惱得不得了。可是，當雇主被問到他們最希望招募到具有什麼特質的人才時，他們列出的清單必定是：有創意、善交際、創造力、熱情、活潑風趣。

事實上，我們現在幾乎總是處於連結狀態，通力合作是我們的預設模式，伴隨機器人與人工智慧愈來愈進步，重複性質的工作移向海外，然後進入資料中心，創造力變成我們生活中非常重要的一部分。

財務報酬與壓力能夠加快人們解決增量或線性問題，但是，當人們必須想像創意解方或非線性的未來時，這些壓力反而會拖慢他們的速度。[18] 對於這類問題，玩樂可以幫上更大的忙：當問題不是要找出一個解答，而是要想像全新的東西。[19]

未來，我們將要和那些擴充我們腦力與增強我們體力的人工智慧及機器人一起成長、連結，為什麼我們要繼續把人類編程為在工廠裡成功的肉身機器人，而非在後工業、人工智慧前社會中成功的教育制度呢？為什麼不擴大人類的感性、情感、創意、有機特質，和未來的人工智慧及機器人搭配，創造未來的勞動力？

後記：當理論失靈時

　　太多的理論可能會帶來大不幸。1347年早秋，一艘大船緩緩駛入忙碌的西西里島墨西拿港。地中海的每一個港口都可以見到熱那亞商人的蹤影，但這些水手帶來一種不受歡迎的貨物：導致黑死病的鼠疫桿菌。一年內，黑死病散布至整個歐洲，許多城鎮人口被抹去半數，當時就像現在一樣，驚惶的民眾仰望專家提供解答。14世紀時，最接近今天的世界衛生組織的機構是巴黎大學醫學院的教職員，人心惶惶的整個1348年夏季，這些傑出的醫學人士忙於研究和辯論，10月時，巴黎大學發表〈瘟疫的科學研究報告〉（Scientific Account of the Plague）。[20]

　　這篇論文的前半部分，檢視當時稱為「高死亡率」（great motality）的病源：「1345年3月20日下午1點，三顆行星在水瓶座會合。」而火星和木星的會合將導致空氣嚴重腐化，從西西里島往上飄散，汙染歐洲其他地區。那些作者認為，那些「悶熱且潮溼的身體」，以及那些「生活型態糟糕、運動過多、性愛過多、沐浴過多的人」最容易染病。

　　近七個世紀後的現在回頭去看，這些鄭重的宣告讓人錯愕，但更令人驚愕的是，以巴黎大學的名望地位而言，這篇報告是仔細認真的學術作品，是理論學說等級的人類優異知識。從1348年至1350年間，有二十四篇關於瘟疫的科學論文，沒有一篇曾

指出細菌感染是導因，連邊都沒搆著，沒有一篇科學論文指出老鼠或跳蚤是導致此疾病擴散蔓延的原因。畢竟，第一台顯微鏡要等到三百年後才出現。不過，這些論文倒是細心引用了亞里斯多德、希波克拉底（Hippocrates），與中世紀偉大哲學家馬格努斯（Albertus Magnus）的論述。

當時的病理學理論高度，倚賴超過千年歷史的理論，結合占星學與「人體有四種體液」的理論，創造出有條理的學派。在這學派中，那些瘟疫論述的作者們是對的，只不過，那是大錯特錯的「對」。在學術仍擺脫不了天主教信仰苛評的那個年代，直接觀察（現代科學的命脈）是不被鼓勵的，在沒有任何經驗根據下，很難判斷這些空中閣樓是否繫盛於任何可被證明的真理。

世人大概會認為，我們這個開明的時代，應該不會出現如此愚蠢的事，但很多證據顯示，其實不然。1996年，物理學家索卡（Alan Sokal）向文化研究領域備受尊崇的學術期刊《社會文本》（Social Text）投稿一篇文章〈越界：量子重力的一種全新詮釋〉（Transgressing the Boundaries），文中指出，量子物理學其實是一種社會和語言的構成物。該期刊的編輯群顯然被索卡的論述打動，並在春季／夏季號刊登了該文。

問題是，索卡說，他的這篇文章根本不是論文，他只是在

進行一項實驗：「想看看一本知名的北美期刊會不會刊登一篇充滿胡說八道的文章，只因為看起來不錯，且迎合了編輯的意識型態成見？」結果，答案是肯定的。套用索卡自己的話，他的這篇文章只不過是「雜繪」，引用德希達（Jacques Derrida）與拉岡（Jacques Lacan）之類後現代搖滾明星的論述，含糊「將非線性、流動、互連性等概念拼湊起來」。索卡在揭露這是一場惡作劇的文中指出，那篇胡謅文裡：「沒有任何東西像是有邏輯條理的思想，只會看到引用所謂權威人士名言、玩弄文字、牽強附會的類比，與無據的斷言。」諷刺的是，跟14世紀科學家使用占星學來解釋黑死病一樣，索卡那篇胡謅文並非全然錯誤，只不過，唯有在一個有條理、但極其晦澀深奧的理解學派中才是對的，就像一個迷人的論點，但使用的是只有某個偏遠島嶼才會使用的語言。

　　這裡不是要質疑「理論」在過去一個半世紀扮演的角色，但理論可能具有誘惑與危險性。實行與理論必須相輔相成，在快速變遷的世界，這比以往來得更為重要。未來，一些科學探索必然會檢驗我們最堅信的信念，我們必須確保，當證據顯示我們不過是圍繞著一顆恆星而轉的行星時，我們不會扮演梵諦岡的角色。

——郝傑夫

DIVERSITY OVER ABILITY

法則七　通才勝過專才

愈多的能力，代表愈多的機會

　　《自然：結構與分子生物學》期刊在2011年秋季刊登的一篇文獻揭露，歷經十多年的努力，研究人員已成功繪製出人類免疫缺陷病毒（HIV）等反轉錄病毒所使用的一種酵素結構。[1]該成就被廣視為一項突破，不過，這篇文章還有更讓人驚訝的地方：為這項科學研究與發現做出貢獻的國際科學家團隊名單中，出現了一個名字：Foldit Void Crushers Group，這是一群由電玩遊戲玩家組成的團隊。

　　「Foldit」[2]這款電玩遊戲是由華盛頓大學一群科學家和遊戲設計師共同創造的一項新穎實驗，要求玩家在遊戲中判斷蛋白質如何在酵素中摺疊。這些玩家有些是中學生，少數有科學背景，更少有微生物學背景。遊戲推出後幾小時，出現數以千計的玩家彼此競爭，也彼此合作，三週後，他們成功破解了微生物學家和電腦沒能破解的蛋白質摺疊結構。Foldit共同創造者貝克（David Baker）當時說：「遊戲玩家解決了一個存在已久的科學問題，這我還是頭一次聽說。」[3]

　　但這不是最後一次。其他高複雜酵素的正確模型，被Foldit繼續成功破解。還有其他研究計畫也利用群眾進行各種工作，從簡單的資料蒐集，到先進的問題解決，不勝枚舉。Foldit的共同創造者崔里（Adrien Treuille）後來繼續發展出另一款相似的遊戲「Eterna」，讓遊戲玩家設計合成RNA。[4]Eterna的宣傳標語簡單總結了這項計畫的宗旨：「解謎，發明藥物。」民間優秀科學家在Eterna創造出來的設計，被送到史丹佛大學進行合成。

　　本章討論的Foldit與其他行動，很可能革命性的改變我們治療疾病的方式，但也提供了一個希望，使世人認知到：在誰會最適合某項工作方面，傳統的管理實務往往錯得離譜。至少，在奈米生技領域，事實已經證明，人才與工作的最佳撮合方式並不是指派最高學位者去做最難的工作，而是從觀察數千人的行為中，辨識出誰具有這項工作需要的認知技巧。

　　Foldit背後的遊戲設計師、華盛頓大學的電腦科學教授帕波維奇（Zoran Popovi）說：「你可能以為生化學博士很擅長設計蛋白質分子，其實生化學家擅長別的事，但Foldit需要狹而深的專長。」

　　一些遊戲玩家具有辨識型態的才能，那是他們與生俱來、但多數人欠缺的空間推理能力。帕波維奇舉例，這些人具有特別的社交技巧，例如沒受過高中教育的祖母，善於使人豁然開朗，用不同的角度或方式去處理問題。有哪一家大型製藥公司會預期到需要雇用教育程度不高的祖母呢？若禮來公司（Eli Lilly）的人力資源部門考慮修改他們的人才招募策略，我們真的認識一些需要工作的年長者。

　　崔里指出，在Eterna，他和他的同事能夠過濾數十萬個擅長困難工作的專家。換句話說，他們能有效率的撮合人才與工作，不是根據人們的履歷，也不是使用什麼神奇的自我選擇，而是透過遊戲產生的大量資料點。[5]Eterna的例子代表重新徹底思考資本主義制度的中心假設：人員工作的最佳分派方法是透過指揮與控

管風格的管理。但Eterna仰賴的是向來被輕忽的特性，即通才。事實上，在網際網路問世前，博通多樣才能往往難以做到。

2006年6月，傑夫在《連線》雜誌上撰寫一篇文章〈群眾外包興起〉[6]，引用自圖庫服務與顧客支援服務等產業的證據指出，開放源碼軟體、維基百科，與種種技術工具（如數位相機、操作台實驗設備）價格大幅降低等構成的沃土，已經孕育出一種全新的經濟生產形式。「業餘愛好者、兼差者、初淺涉獵者，他們的工作突然有了市場，因為聰明的公司發現了利用潛藏在人群中人才的方法。」傑夫在該文寫道：「這類勞力並非總是免費，但成本遠低於傳統員工。這不是外包，這是群眾外包。」

傑夫和《連線》雜誌編輯魯賓森（Mark Robinson）在玩笑談話時創造出的「群眾外包」一詞很快被廣為採用，起初是群眾外包生根的廣告業和新聞業等領域，繼而被大眾普遍使用。2013年時，這個字首度出現於《牛津英語字典》。[7]做為一種商業實務，群眾外包已經成為廣泛領域的標準作業程序，從科技業、媒體業，到都市規劃、學術圈等，全都採用。

不同於起初天花亂墜的追捧，群眾外包絕非數位時代的萬靈丹，但是當奏效時，就會呈現近乎神奇的功效。許多機構和公司如太空總署、樂高公司、三星集團等，全都把大眾貢獻納入他們的業務運作核心，在過程中，重劃生產者與消費者的傳統分界。如今，這是一個可滲透層，點子、創意，甚至像制定長期策略這麼重要的層面，都變成了協作行動。

　　這種方法的理論基礎源於新興的複雜系統學科，群眾外包的神奇力量，其實主要是任何人群中都會自然發生的通才功效。

　　其實，長久以來，科學一直利用各種分布的知識網絡，這些網絡能夠有效動員存在於廣泛學科領域的通才。最著名的例子是「經度獎」（Longitude Prize），1714年時，英國議會懸賞一萬英鎊給任何能夠想出方法決定經度者，一些頂尖科學家面對這個問題花很多腦筋，但最終贏得這筆獎金的，是自學有成的鐘錶匠哈里森（John Harrison）。[8]

　　在人類史上，業餘者做出重要貢獻並不是什麼新鮮事，天文學、氣象學等仰賴大量觀察的學科，業餘者都做出了重要貢獻。但是，在網際網路問世前，大眾鮮有機會貢獻其他種類科學知識的創造。近年，許多公司、個人與學術領域利用全球通訊網路，為個別問題的解決增加投入的腦力，更重要的是，增進企業或學術實驗室中稀薄地帶往往欠缺的認知多樣性。

　　由製藥商禮來公司創立於2000年的意諾新（InnoCentive），把事業模式打造成，能夠為客戶提供這種高度通才的智力肌肉。大公司、商業研發實驗室，或學術研究計畫把遭遇到的困難問題傳送給意諾新後，意諾新把問題張貼於線上布告欄，來自兩百多個國家近四十萬名專業與業餘科學家經常造訪這裡，其中有過半數住在美洲以外地區。[9]這些可不是普普通通的科學難題，如果默克製藥廠（Merck）這樣的多國籍製藥公司裡的數千名化學師都無法解決的化學難題，你大概不會認為可以冀

望德州大學電機工程系的某個大一學生能夠解決此問題。

但是，任何人都可以張貼解方，假如行得通，就可以獲得獎酬，通常是一萬至四萬美元不等。意諾新說，大約85％的問題最終獲得解決，以問題的挑戰程度來看，這安打率算是相當高了。不過，更讓人感興趣的是，誰解決了問題？如何解決？根據哈佛商學院學者拉哈尼（Karim Lakhani）等人的研究，成功解答和拉哈尼所謂的「領域距離」（distance from field）兩者之間呈現正相關；直白的說，解答者與該問題所屬領域接觸的程度愈低，成功解答的可能性愈高。[10]

意諾新的解答者有超過60％擁有碩士或博士學位，有近40％未擁有碩士或博士學位，相形之下，後面這個事實更引人注意。事實上，其中最多產的解答者是加拿大的一位多領域能手，為了照顧父母，他從分子物理學博士班輟學。

這其實不像聽起來那麼讓人驚訝，別忘了，放在意諾新平台的那些難題，通常是機構或企業裡的聰明人士沒能解決的問題。如果一家大型消費性產品公司，面臨的挑戰是以符合經濟成本效益的方法生產一種化合物，該公司可能會把挑戰指派給公司最優秀的化學家。我們總是傾向認為，一個領域中最聰慧、最訓練有素的人（專家），最能勝任他們專長領域的問題；事實上，他們通常是。

當他們未能解決問題時，我們對於「能力原則」的堅定信念將使我們認為必須找更好的解決者，例如同樣受過高度訓練的其

他專家。但是，高能力具有自我複製的性質：這些新的專家跟之前的那些專家一樣，受訓於相同的優秀學府、機構、公司。可想而知，這兩群專家使用相同的方法來解決問題，有相同的偏見、相同的盲點、相同的無意識傾向。社會學家佩吉（Scott E. Page）在其著作《差異》中寫道：「能力當然重要，但加總起來，能力的報酬遞減。」[11]

這一切似乎讓人有點暈頭，不過，還是有可據以行動的重要含義：我們該如何分配智慧資本，或是如同意諾新或Eterna計畫的那樣，讓智慧資本自我分配。由於愈來愈多研究顯示，在廣泛的應用領域，通才的團隊生產力較高。[12]因此，多樣性漸漸成為學校、企業，與其他類型機構的一項策略要務。多樣性可能是好政治、好公關，也可能對心靈有益（這取決於個人對於種族平等和性別平等的信諾程度），但是，在挑戰可能具有高度複雜性的年代，多樣性是一項好管理，這非常不同於認為強調通才將忽視專才的舊年代。

種族、性別、社經背景、學科訓練，這些全都重要，但那只是因為這些代表不同的生活經驗，能夠產生認知多樣性。此外，由於我們無法事先知道那些不同的背景、教育體驗或智識傾向能產生突破，因此，佩吉在寫給本書作者的電子郵件中說：「我們應該把差異性想成是一種形式的才能，為利用此才能，需要耐心與練習。」這本身就是一項挑戰，因為不管通才有何益處，都是一種我們往往難以產生的特質，影響性絕非只存在商業界。

不作為的共犯

2015年4月20日，《紐約時報》揭露了一個讓人不安的人口結構之謎：似乎有大量男性非裔美國人失蹤了，數量多到連一張尋人海報也填不完。人口調查數據通常不會是驚人的新聞標題，但就連漫不經心的讀者，大多會注意到「一百五十萬名黑人男性失蹤」這則新聞標題。報導出自該報的資料新聞組The Upshot，不過，就算你不是調查記者，也能從2010年的人口調查統計數據中看出明顯異常。在當時的美國，生活於正常社會中的二十四到五十四歲黑人男性只有七百萬人，生活於正常社會中的二十四到五十四歲黑人女性超過八百五十萬人。

使用「失蹤」這字眼，煽情，但生動，那一百五十萬美國人當然不是被外星人給綁架，但他們確實失蹤。他們不在教會裡，也不在廚房裡，不是在輔導他們的小孩做家庭作業，也不是在忙一些晚餐前的家事。你可以在牢裡找到他們當中的一部分，大約六十萬人。其餘九十萬人呢？有一部分在當時可能是無家可歸，還有一些在海外服役，但最大部分的人應該已經死了，死於心臟疾病、糖尿病，與最大主因的兇殺。可能有二十萬名黃金年齡，即二十四到五十四歲的黑人男性死於兇殺。

中位數年齡的美國黑人女性，很可能生活在一個男性與女性人數比為43:67的社區。《時代》雜誌發現，性別落差最嚴重的社區是密蘇里州佛格森市，2014年，一名未攜帶武器的黑人青年被

警察射殺後引發的「黑人的命也是命」（Black Lives Matter）運動，就是發生在這裡。南卡羅來納州北查爾斯頓市的性別落差也較高，2015年，這裡也發生過黑人男性史考特（Walter Scott）在被臨檢時試圖逃跑，雖未攜帶武器但遭警察射殺至死的事件。

這些社區原本已經面臨當地學校、商業與社會結構的問題，有這麼多黃金年齡層的男性「失蹤」，對社區來說，無疑是雪上加霜。兩位芝加哥大學經濟學家的近期研究指出，這種男少女多的性別不均，將削弱長期忠誠度與家庭形成，因為男性沒有競爭配偶或伴侶的問題。[13] 這將使那些導致黑人男性失蹤的因素，如幫派暴力、不安全性行為、自殺等，進一步惡化，形成大量流失黑人男性的惡性循環，使社區帶傷而行，極其脆弱。

對這些負面反饋，我們很難不變得無動於衷，縱使經過數十年意圖良善的改革行動，投以政策處方，那些困擾著麻煩社區的問題，如失靈的學校、未成年懷孕、營養不良等，依舊存在。類似的新聞標題層出不窮，讓我們漸漸麻木，忘了每一位受害者、加害者與旁觀者，都是某人的兄弟或姊妹或孩子。

但是，鼓勵我們漠不關心的力量，似乎比那些激發我們採取行動的力量還要強。1938年，就在水晶之夜事件（Kristallnacht，爆發於德國，至少有九十一名猶太人被殺害、一千多間猶太教堂被損毀的屠殺事件）發生後不久，心理學家訪談四十一名納粹黨員，發現其中只有5%的人贊成迫害行徑。[14] 但從此以後，德國人就陷入內疚不安與共犯的疑問糾葛中。一派論

點說，納粹掌權與隨後而來的罪行，完全是特殊時空環境下的產物，德國這個軍國主義國家被一戰後的《凡爾賽和約》羞辱、貧窮，導致國內暴動、混亂、絕望，獨裁者希特勒趁勢崛起，提供秩序與國家救贖。希特勒傳遞這些承諾，等到其陰暗恐怖意圖變得明顯時，已經太遲而無力反抗他了。這故事提供了許多安慰，內容有足夠的事實能形成說服力；寬恕了那些因內疚而不敢抬頭的人，祈禱著有人能殺了這個狂人；這個論點也告訴存活的人，這不會發生在自己身上。

除非這些事發生在我們自己的國家，當歷史的教訓響起時，我們會聽到，如果沒響起，就繼續過日子，我們的道德勇氣不動如山。但是，歷史的教訓可能不會響起，或是你必須非常仔細聽才聽得到。為了讓通才優先於專才，從色盲的角度評量那些從未真正「色盲」（不分種族）的能力，我們必須認知到，社會的價值與資源分配不能只以策略要務為根據。不僅校園裡的千禧世代，還有更嚴酷的外面世界，無論是辦公室、送貨車、或醫院的候診室，世人愈來愈認知到，光是正確、賺錢，或是有才能是不夠的，你還必須要有正義感。

上百萬人消失，使許多人失去兄弟或父親或兒子，指控我們很多人其實參與共謀了這件事，那是很嚴重的指控。我們全都在生活中行使了代理權，但是，在我們的社會中，代理權似乎沒有平均分配。敘述種族歧視的因果，超出了本書主題範圍，在此舉兩個統計數字就夠了。

　　1934至1962年間，聯邦政府提供了一千兩百億美元的房貸融資，奧利佛（Melvin L. Oliver）與夏皮洛（Thomas M. Shapiro）在他們出版於1995年的合著《黑人財富與白人財富》（*Black Wealth/White Wealth*）中指出：「這是美國史上最大的大眾累積財富機會。」此舉創造出數兆美元的資產，最終被轉化成選擇，選擇上更好的大學，或選擇沒有薪資酬勞的實習工作，或選擇聘請更好的律師打官司，使有前途、但偶爾糊塗觸法的青少年免於坐牢。這些貸款有98%被白人家庭囊括，到了1984年，美國白人家庭的資產淨值中位數超過九萬美元，黑人家庭的資產淨值中位數不到六萬美元。接下來數十年間，房地產持續升值，導致財富差距持續擴大，到了2009年，美國白人家庭的資產價值中位數達到二十六萬五千美元，黑人家庭呢？兩萬八千五百美元，差不多是白人家庭的十分之一。

　　在判決同性婚姻權受到憲法保障的「奧貝格費爾訴霍奇斯案」判決書中，法官甘迺迪（Anthony Kennedy）寫道：「司法的本質是，我們不能總是用自己的時代來看待司法。」[15] 不過，必須承認的是，到了2016年，我們看得比以往更清楚了，在大家對上世紀的種族屠殺事件記憶猶新，且報紙天天刊登種族歧視情事下，我們既不能聲稱自己無辜，也不能再漠視不管。

　　我們也比以往的任何歷史時點，更加了解到歷史將如何評價我們。美國內戰爆發的幾年前，神學家暨廢奴主義者帕克（Theodore Parker）在佈道會上說：

　　道德世界的弧線很長，我不會假裝我很了解，我的眼界只能看到一小部分。我無法憑藉經驗去計算、完成這弧線的形狀，但我能憑良知去推測，確信這弧線將彎向正義。

　　一百年後，馬丁路德金恩（Martin Luther King Jr.）引用帕克的這番話，永不可滅在我們的集體意識中灌輸了一條道德弧線的主張：公義的步伐緩慢蹣跚，但其目的地明確。

　　哈佛心理學家平克（Steven Pinker）研究人類史上的暴力，發現道德弧線的確很長，但與其他的變遷速度一樣，道德弧線的變化速度在近年加快了。平克在著作《人性中的良善天使》（*The Better Angels of Out Nature*）中，引據並分析多世紀的犯罪與戰爭資料後指出，自中世紀結束後，人類明顯變得更加和平，以北歐為例，兇殺案已經從平均每十萬人有一百件，降低至平均每十萬人有一件。平克把這種和平部分歸功於「同情圈的擴大」：我們原本只關愛自己的家人，後來學會將關愛推向部族，進一步擴大到村莊。到19世紀，人類勉強把關愛延伸到同種族、同宗教、同信仰、同國家的人。後來爆發了二次大戰，這是人類民族同情心變得狂亂的可怕教訓，在這場集體創傷的餘波中，社群主義開始其最大擴張期。從德國路德教會牧師，也是納粹集中營的倖存者尼穆勒（Martin Niemöller）詩作〈起初他們……〉（First they came…）中，可以看出社群主義形成的經典：

　　起初，他們抓共產黨員，我沒說話，因為我不是共產黨員。

　　接著，他們抓工會成員，我沒說話，因為我不是工會成員。

　　然後，他們抓猶太人，我沒說話，因為我不是猶太人。

　　最後，他們抓了我，卻已經沒人為我說話。

　　打賭自己將不必為現今社會的不公義現象負起責任，可不是明智之舉。2016年美國選舉季，已經引起重新檢討美國政府刑事司法政策的聲浪，這些司法政策導致超過兩百萬美國男性坐牢，其中有37％為非裔美國人。我們很難不去想像，未來的歷史學家將得出這樣的結論：美國政策制定者創造了一種聯邦規定制度，在此制度下，一個種族貧窮了多個世代，將貧窮導致的障礙症狀犯罪化，然後，政府掙扎著推出一些不痛不癢的方案，試圖為該種族提供一些救濟，這些可憐人唯一的錯就是，在同胞還不知道同情圈應該擴展得多大的年代，出生在貧窮的非白人之家。

　　當然，許多人，許多機構，甚至許多國家，已經得出相似結論：在大學與工作場所實行多樣性是正確且明智之舉。在美國，少數族群占總人口37％，但鮮有組織達到這樣的比例數字，並非因為缺乏努力。目前在人力多樣性方面，科技與媒體領域的公司在進展最少者之列，更糟糕的是他們的董事會和高階主管層級。2014年末時，Google、雅虎、臉書三家公司合起來只雇用了七百五十八名非裔美國人，美國科技業的所有領導職務中，黑人不到3％。性別落差的情形同樣嚴重，推特公司的紀錄尤其不

良，在該公司的技術性職務中，女性只占10%，該公司高階主管有多麼不關心這種性別落差傳達的形象呢？2015年7月，就在性別偏見問題被高度關切的浪潮聲中，他們辦了一場公司人員的「兄弟會派對」！

其實，大型科技公司真的有努力要聘雇更多少數族群和女性員工，並聲稱，成功有限並不是因為本身在這方面不努力，主要是因為「供給」問題，即有起碼資格條件的應徵者不足。不過，聽聽進入這些行業與公司的女性和少數族群所說的話，更大的障礙恐怕是一種無意識的偏見，有關於「高科技人員應該是什麼模樣」的偏見。

在這方面，媒體實驗室也同樣有問題，也沒能倖免於推特或臉書等公司在致力於促進人力多樣性時，困擾於那些社會狀態與無意識偏見。與媒體實驗室裡的任何其他層面相同，入學申請的流程也有其特性，想讀媒體實驗室研究所（媒體實驗室沒有大學部）的學生申請這裡的二十五個研究小組中的三個，審核錄取決定權大致交給負責這些研究小組的教職員。直到不久前，機構中央極少去監督或干預女性與少數族群申請者被錄取的最終人數。

伊藤穰一接掌媒體實驗室總監後的頭幾年，這種消極性總算出現可預期的結果。2012到2013學年，註冊入學的一百三十六名學生當中，有三十六人是女性，五人是代表性不足的少數族群。翌年，情況稍稍進步，一班五十五人當中，有二十名女性，七名少數族群。伊藤早前說過，他執掌媒體實驗室期間的一項重

要使命是增進多樣性，因此，他急於改變這個數字。他的第一步是設立新職位：多樣性與學生支援助理總監，並鼓勵強化媒體實驗室的多樣性委員會。

接下來幾年，媒體實驗室推出多項方案調整不均衡的現象。首先，他們採取遠遠更主動積極的行動，辨識潛在的申請人，為他們配對現有學生，讓現有學生幫助他們準備申請資料。其次，他們展開幾項行動，向潛在學生介紹媒體實驗室的文化，與讓人興奮的研究內容，旨在為更高的教育克服文化落差，即來自經濟弱勢社區的高成就學生沒有申請頂尖學府，只是因為不知道自己的成績和測驗分數有很高的機會可以被錄取，或是因為沒有人告訴他們，為何學校的課程將能幫助實現他們的抱負。

媒體實驗室的這些努力獲致部分回報，雖還未能達成目標，但女性與代表性不足的少數族群，進入媒體實驗室研究所的人數明顯增加，儘管，在各個研究小組，這數字仍明顯有別。代表性不足的少數族群申請者仍然維持在約6%，2016到2017學年的碩士班學生當中，少數族群占16%，2016年碩士班學生當中，女性占43%，在博士班中，女性占53%。

不僅新班級的學生，連教職員也感覺到了文化的改變，覺得媒體實驗室變成一個更有趣、有更廣泛可能性的地方，這裡原本就是一個以鼓勵自由研究興趣而聞名的機構。多樣性的成效與影響並非只見於媒體實驗室，儘管，這是一種難以量化的印象，近期一些有關於多樣性效益的研究也獲致相同發現。

　　幾年前，貝當古小組進行了一項研究，想了解性別多樣性對合成生物研究計畫的影響性。初步的發現並不讓人感到振奮，合成生物學家當中只有37%是女性，這比例一致於其他相關的科學領域。但是，當他們再深入調查後，情形就變得更樂觀了，參加iGEM競賽（這項年度競賽既是比賽，也是評估合成生物學盛行程度的文化試金石）的女性人數比起過去四年明顯增加。此外，女性成員比例較高的參賽團隊，其表現優於女性成員比例較低的團隊。我們正開始看到愈來愈多這樣的結果。

　　更大的圈子對我們所有人都有益處。

後記：差異性帶來的差別

2007與2008年，我把大部分時間投入於撰寫一本有關群眾外包的書。在辨識有趣的案例方面，都沒有問題，自從我報導這個主題的原文於《連線》雜誌上刊出後，出現大批有企圖（但往往構思不周）的新創事業。但是，很少有份量的研究者研究怎樣的團體行為會使群眾外包活動成功，或是注定失敗。發現佩吉對於多樣性影響作用的研究，為這本書的撰寫工作帶來一個轉捩點。多樣性並非只是一個政策綱要，或是人力資源簡報說明裡的條列項目，而是一種明智的策略。

佩吉與其他的研究者和學者指出，通才為雇主與員工、經理人與勞工帶來種種益處，具有人力多樣性而能產生認知多樣性的組織，似乎在解決問題方面具有優勢。次貸危機與大衰退過後，這點或許是特別寶貴的資訊，許多產業已經熬過大衰退，開始復甦，但不同於建築業（房屋需求總是會再復甦），媒體業仍然被經濟學家（以及觀察力較敏銳的新聞工作者）所說的「週期」與「長期」逆風困擾。也就是說，大衰退以前，新聞業就已經陷入困境了，除了出現創新的另類事業模式，新聞業還未見到強勁復甦。

這似乎像是那種你希望由最通才的團隊來解決的問題，不幸的是，這已經不再可能了，因為新聞業的多樣性在2006年就已經達到頂峰，那時，少數種族與族裔新聞工作者占全美新聞工

作者的比例還不到14%，相較之下，少數族群占美國總人口的比例已達37%。[16]不意外的，這對於提高少數族群的閱讀群並沒有幫助。多樣性是最近期經濟衰退下受害的其中一環：「最後受雇者，最先被解雇。」這意味的是，為了多樣性以改善新聞編輯部而招募進來的人員，在財務困境下首先被裁員。少數族群較可能在線上閱讀新聞，但線上新聞並沒有比傳統新聞更正確為他們或他們所屬的社群發聲，線上新聞協會（Online News Association）等組織和整個數位新聞界讓問題變得更加嚴重，因為他們結合了媒體業向來的單一文化與矽谷的高度白人男性文化。

　　在好景時期，媒體業的確增加雇用被排擠在人才供給末端的女性和少數族群，但我們沒有深入分析的是，縱使如此，當時的多樣性提高率也只有個位數。這可能是最大的道義缺失（或至少是想像力缺失）之處，也是我們現在應該聚焦改善之處。別繼續站在出口去惋惜渠道裡的內容，到渠道的源頭去解決問題吧！即就源招募人才。東北大學媒體創新課程的一項未來目標是，在達德利街區（東北大學附近的非裔美國人聚居區）等處建立足跡，推出八年期的各種媒體形式非文學類報導工作指導。這願景主要是受到芝加哥市OneGoal組織的啟示，該組織標語道出其宗旨：「大學畢業，就這麼簡單。」

　　此方案如果成功，東北大學媒體創新課程或許有朝一日可以成為一張三腳凳：第一，東北大學的大學部與研究所學生；第二，新聞系教師，提供辦公空間與薪餉給願意來授課一或兩學期的專業人員；第三，在達德利街區的商店租借店面做為場所，提供指導，針對當地中學生，邀請對非文學類報導工作（紀錄片、調查報導、播客、漫畫新聞等任何形式的媒體報導）有興趣的孩子加入 OneGoal 組織的八年期指導方案。

　　理想上，甘尼特傳播公司（Gannett）、先進出版公司（Advance Publication）或一些其他的媒體業巨人，在他們仍然穩健成長的年代會推出一系列這樣的方案，但現在，應該是 Google 這樣的公司必須負起責任買單。當然，這聽起來似乎像是登月般的大膽妄想。但話說回來，Google 在我們的內容背後賣很多廣告，一個經驗更豐富、更多樣性的人才管道，無論是編程者或新聞工作，都將使矽谷和美國新聞編輯部獲益匪淺。

　　　　　　　　　　　　　　　　　　　　　　　──郝傑夫

RESILIENCE OVER STRENGTH

法則八　柔韌勝過剛強

面對失敗，柔軟與韌性能避免攔腰折斷

孩子，鋼鐵並不強，肉體更強！

　　　　　　　　　　　── 圖爾薩・杜姆（Thulsa Doom）

　　　　　　　　　　　「王者之劍」（*Conan the Barbarian*）

　　「柔韌勝過剛強」的經典例子是蘆葦與橡樹的故事，在颶風吹襲下，剛強的橡樹折枝斷幹，柔軟、彈性的蘆葦低彎，風暴過後，再度挺起。試圖抗拒失敗的橡樹，最終失敗。

　　傳統的大公司就像橡樹，強固自己，以抵擋失敗，他們累積資源，實行層級的管理架構、僵化的流程、周詳的五年期計畫，旨在隔絕混亂。因此，他們重視避險勝過冒險、推力勝過拉力、權威勝過群起、服從勝過違逆、地圖勝過羅盤、個體勝過系統。

　　反觀生長於網際網路時代的軟體公司，則採取另一種不同的方法。他們所屬的領域太新、變化太快，如果像企業前輩那樣謹慎避險，就會半途擱淺，眼睜睜看著競爭者乘風破浪前進。結果是，他們經常失敗，但因為初始成本夠低，能夠從失敗中學習，繼續前進。

　　YouTube就是這種方法的優秀案例。早期YouTube是個名為「Tune In Hook Up」的影片約會網站，雖然已經死去，其幽靈仍續存於網際網路檔案館Archive.org，在那裡可以看到，最早的YouTube.com網站選單包括：「我是男性／女性，尋找年齡介於十八歲至九十九歲的男性／女性／任何人。」[1]

不過，YouTube的創辦人已經認知到，網際網路需要的不是另一個約會網站，而是一條易於分享影片內容的途徑。這有部分是受到2004年發生的兩件事的啟示：其一是珍妮傑克遜（Janet Jackson）在美式足球超級盃上「走光」，其二是印度洋海嘯。兩個事件都有大量影片，卻不易找到寄存這些影片的網站。此外，這些影片的檔案太大，很難以電子郵件附件的方式傳送。[2]

三位創辦人賀利（Chad Hurley）、陳士駿、卡林姆（Jawed Karim）在2005年2月14日註冊「YouTube.com」網址，於當年4月正式推出網站。卡林姆站在聖地牙哥動物園的大象圍欄前，拍攝並上傳了第一部影片到這個網站，影片全長二十三秒。[3]2006年10月，三人以十七億美元把YouTube賣給Google。

從傳統角度來看，YouTube並非從強而有力的點出發：只有三名成員，其中一人在網站推出前就返回校園讀研究所；沒有經營管理公司的角色，創業初始資金來自創辦人前雇主PayPal被eBay收購時配發給他們的分紅；沒有事業計畫、沒有專利、沒有外來資本。但這些讓他們得以在原先構想失敗時，可以無拘無束的改弦易轍。

縱使是基本使命從未改變的組織，也可以藉由維持低成本，以從失敗中快速東山再起，擁抱柔韌勝過剛強。1993年時，伊藤穰一將住家洗手間改造成日本第一家商業性網際網路服務供應商IIKK（即後來的日本PSINet）的辦公室，多數設備老舊、破損，當伺服器過熱時，他們必須以口吹涼，直到新的風扇送達。

　　一家有著根深柢固標準、高間接成本的既有電信公司，絕對不可能採這種權宜的設備，但是，傳統公司的力量有昂貴代價。日本PSINet花幾千美元創建的東西，傳統電信公司會花上數百萬美元，當日本PSINet設備出問題時，能夠快速修復，當需求增加時，能夠快速擴充規模。不出一年，日本PSINet就搬離伊藤穰一家的浴室，遷到一個像樣的辦公室，縱使其位於維吉尼亞州的母公司因為過度擴張而宣告破產時，日本這裡仍然繼續賺錢。[4]1989年創立PSINet的施萊德（Bill Schrader）在日後說：「我們擴張得有點過快，我們其實不需要同時進軍三個國家，應該一次只進軍一個國家。那樣，我們雖會落後，但不致垮台，現在還會繼續營運中。」[5]

　　換句話說，PSINet捨早年的柔韌，追求快速成長。身為一家負債數十億美元的上市公司，在2001年的網路公司泡沫破滅時，不再具有振作復原所需要的靈活性。

　　柔韌度夠而得以從失敗中振作復原的公司，同樣受益於免疫系統效果。如同健康的免疫系統對傳染病的反應，發展出新防禦措施對抗病原體，一個足夠柔韌的組織會從錯誤中學習，對環境做出調適。這種方法，幫助塑造出今日的網際網路，網際網路的發展過程中並沒有為每一種可能的攻擊或故障做出規劃，當發生攻擊與資安漏洞時，即時做出反應，從中學習，發展出一套免疫系統。其早年，故障成本低，所以有不增加成本也能生存下去所需要的柔韌。不過，縱使在惡意攻擊與意外故障的成本升高時，

這種靈活的免疫系統反應仍將繼續改進網路的柔韌度。[6]

歷經時日，側重柔韌勝過剛強的法則，可能也會幫助組織發展出更有活力、更堅實的動態系統，對災難性失敗更有抵抗力。由於這類組織不浪費資源於預期遙遠的可能事件，或是花過多不必要的時間或心力拘泥形式與程序，故能建立組織的健全基礎，幫助度過意料之外的風暴。無論是硬體公司、民間組織、非營利組織、網際網路新創公司或軟體公司皆然，在這些領域，創新成本，乃至於失敗成本，都快速降低，因此，側重剛強勝過柔韌的法則可能不再適用。

當然，這並非指創新者與他們的組織，不應計畫未來或預期可能的麻煩源頭，只是要組織認知到，失敗在所難免，最核心的系統將能快速重建。重要的是，清楚知道在什麼境況下抗拒失敗的成本將高於屈服失敗，並且在組織成長的同時，保持柔韌度。

預設失敗，才能繼續戰鬥

網路安全性，是最能證明「柔韌勝過剛強」重要性的領域。2010年夏，一種新的惡意軟體樣本（內含侵入程式的小檔案，供研究人員分析並破解）引起全球各地資安專業人員的注意。對於活躍於資安領域的人來說，出現新的惡意軟體，稱不上什麼大新聞，據估計，資安產業每天看到約二十二萬五千種惡意軟體。但是，這個被稱為「Stuxnet」的樣本不一樣，這是首次見到惡意軟

體瞄準被用來控管渦輪機、壓榨機等工業機械的客製化軟體。

　　經過數月的奮鬥分析，可以明顯看出，瞄準這些監控與資料擷取（SCADA）系統的這個惡意軟體有一個很明確的目的：破壞核工廠的鈾濃縮設備與流程。當連結至系統的離心機達到一定條件時，這惡意軟體就會強迫改變馬達的轉動速度，最終導致離心機在正常壽命終點的幾年前就廢了。更重要的是，離心機將無法正確濃縮鈾樣本。這款惡意軟體也會聰明竄改傳回電腦螢幕的資訊，使其破壞渦輪機的行為維持很長時間不被偵察到。Stuxnet的兩項傑出成就：能夠潛入高度防護的工業系統，以及能夠藏身多年，因而成為網路安全性專家持續著迷的對象。

　　不過，這也顯示何以柔韌總是勝過剛強：在數位時代，沒有諾克斯堡（Fort Knox）般的銅牆鐵壁，任何可以被駭的東西，遲早會被駭。光看這點，就可以明白當Stuxnet被外界得知時，資安專家有多震驚：被Stuxnet入侵的核工廠SCADA系統是「氣隔」（air-gapped）系統，這指的是，這些系統和外界完全沒有連線。當技術員需要對這些系統輸入資料或從這些系統輸出資料時，他們使用受防護的USB隨身碟。因此，Stuxnet的入侵途徑，要不就是設法進入核工廠員工的隨身碟裡，要不就是內神通外鬼。當分析人員斷定，病毒瞄準的是伊朗那五座當時被認為是舉世防護工作做得最嚴密的核工廠時，事件引起了高度的關注。

　　Stuxnet的第二項傑出成就是，成功隱藏，直到已經破壞近一千部伊朗核工廠裡的離心機、並導致該國的核武發展延遲多年

後，才被發現。更生動的是，原來，除了氣隔，這些系統完全沒有防護，一旦Stuxnet通過第一道原本應該是無法滲透的防線後，就如同狐狸進了雞舍，農夫（伊朗核工廠）花了多年仍未想懂，為何陸續有那麼多雞隻消失了。

　　選擇剛強而犧牲柔韌與彈性的缺點，並非始於電腦系統。一次大戰後，不難理解，法國人變得高度憂心德國人不受邀請而帶槍上門的可能性，因此，1930至1939年，他們沿著法國與德國約四百五十公里長的邊界大做防禦工事。馬其諾防線（The Maginot Line）被譽為完全不可能被滲透的完美防線，或許真的不可滲透，如果是在先前那場大戰的話。現在，大概任何一位學童都能告訴你，結果，德國人輕蔑的聳聳肩，繞過了這道牆。法國人建造這條鋼筋混凝土長牆時，內含了一些假設。

　　第一個假設是，如果德法這兩個西歐強權開戰，德國不會違反比利時或荷蘭的中立性。第二個假設是，現代的戰事中，飛機（尤其是轟炸機）仍將繼續扮演次要角色。第三個假設是，不需要建造可以轉向任何方向發射的大砲，因為德國人不可能繞過法國堅固的防線，從法國側翼攻擊。諷刺的是，馬其諾防線從未實際失靈過，時至今日，仍是堅不可摧的圍牆，失靈的是建造防線那些人的想像力，他們從未想像過，要以怎樣的方式失敗，才能繼續起而戰鬥，這可以說是「柔韌」的最佳定義了。

　　在Stuxnet的成功中，欺騙扮演同等重要的角色。監控渦輪機的可編程邏輯控制器（PLCs）不僅沒有機制可偵察到旨在改變

馬達行為的惡意程式，也沒有機制可偵察到藉由竄改螢幕顯示資料而避開偵察的企圖。Stuxne繞過核工廠的防護牆後，再也沒遇上其他的防護措施。

這種欠缺想像力、無法抵擋「堅不可摧」防禦安全的誘惑，絕非只發生於伊朗或核工廠。資安領域充滿馬其諾防線，儘管這些防線一再失敗，未能把壞傢伙阻擋在外。

現在，一想到網路安全性，我們立刻就想到電腦與其弱點，但是，網路安全性其實是從保護資訊的基本需求演進而來的，這需求遠溯至書寫語言問世的最早年代，許多世紀以來，人們倚賴或多或少科學形式的密碼術來交換敏感資訊。

直到1970年前，密碼學大致只是軍方情報單位鑽研的東西，偶爾也有相當教育程度的怪咖涉入這個領域。後者例如德國的修道院院長崔德米斯（Johannes Trithemius），在1499年撰寫了三卷《隱寫術》（steganography），是密碼術專著，但偽裝成魔咒與魔法的著作，以手稿形式流通。直到1606年，法蘭克福的某個出版商才敢將三卷內容印刷成冊。英國的博學者迪伊（John Dee）在1562年追蹤探索此書後，顯然認為此書內容是占星術與天使促成的遠距即時溝通手冊。想像這些人如果生活在現代，會在網際網路上玩得多開心啊！

另一位德國人海德（Wolfgang Ernst Heidel）在1676年破解了崔德米斯的密碼，但接下來，他使用自己的密碼把結果再加密後，沒人能夠解讀。直到1990年代，才由AT&T實驗室數學

與密碼學部門的數學家李德斯博士（Jim Reeds）和任教於匹茲堡拉羅希學院（La Roche College）德籍教授恩斯特博士（Thomas Ernst）分別破解。李德斯告訴《紐約時報》說，手稿解密最困難的部分，是把久遠年代修道士的數值表謄到他的電腦裡：「畢竟，過去五百年間已經有了一些進步。」

那進步，即密碼技術精進，再加上快速、處理能力強大，且無所不在的連網電腦，已經大幅度改變密碼術，伴隨而至的是遠距通訊、貨幣交易，與無數其他的現代生活層面。

打從密碼術問世以來，密鑰交換就是不便利性中最嚴重的一環。從凱撒密碼（Caesar cipher）到恩尼格瑪，到一次性密碼，全都需要發文者和收文者皆有密鑰副本，但是，傳送未加密的密鑰，將讓竊聽者得以破解隨附的加密訊息，就連電子訊息也需要實際交換密鑰。縱使是資金充沛的政府及軍方機構，也深受此問題困擾。

1970年代初期，迪菲鑽研此問題，但沒有志同道合者，直到IBM公司位於紐約的湯瑪斯華生研究中心一位密碼學家，建議他找史丹佛大學教授赫爾曼談談。兩人初次碰面後，赫爾曼安排迪菲以研究所學生身分進入他的研究實驗室，後來，兩人和另一名博士班學生默克（Ralph Merkle）共同鑽研解決遞送密鑰的問題。

他們很快就發現，解答是應用單向函數。這種數學函數不易被破解，就像混合各種顏色與色度的塗料，或打蛋。事實上，這種函數有時被稱為「Humpty Dumpty*」函數。[7]

　　另一方面，迪菲自己獲得了一個突破，那是乍現的靈感，得出第一種非對稱式密碼。不同於先前任何已知的密碼，非對稱式密碼不需要發文者和收文者有相同的密鑰。發文者愛麗絲把她的公鑰提供給收文者鮑伯，鮑伯以此對傳送給愛麗絲的訊息加密，愛麗絲用她的私鑰來解開這訊息。就算竊聽他們通訊的伊芙取得了愛麗絲的公鑰，也沒關係，因為她能使用這公鑰來做的事僅僅一件，那就是加密一則只有愛麗絲能解讀的訊息。

　　到了1977年，MIT數學家里維斯特、夏米爾與愛德曼共同發展出的RSA非對稱加密演算法，實現了迪菲想出的這種公鑰加密系統概念，RSA非對稱加密演算法被使用至今。[8]跟迪菲－赫爾曼密鑰交換演算法一樣，RSA也使用單向函數，在此例中，愛麗絲必須選擇兩個很大的質數，相乘後得出N，再加入另一個數字e，成為愛麗絲的公鑰。這公鑰具有相當的安全性，因為要破解N其實非常困難，確切來說，現今已知的最佳演算法，也無法對一個巨大的數字進行因數分解，數字愈大，一台電腦愈不可能在合理時間內完成因數分解。

　　第一則使用RSA加密的公開訊息使用較小的數值N，只有一百二十九個數字，但仍然花了十七年，才由一支六百名自願者

---

* 譯注：17世紀英國內戰時，一座架設於高牆、名為「Humpty Dumpty」的大砲，在高牆被摧毀時掉落於地面，再也無法裝回去。後來，一些童謠與故事把Humpty Dumpty的形象塑造成「蛋人」，蛋人從牆上摔碎後，再也無法拼湊回去。無論是被混合的塗料或打碎的蛋，都幾乎難以回復，藉此形容難以還原。

組成的團隊破解，這六百人以SETI@Home模式貢獻出他們電腦處理器的多餘處理能力來執行這項破解工作。當然，或許有朝一日，將有數學家發現更容易的巨大數字分解因數法，到了那天，RSA演算法將無法產生可以安全對抗舉世最強大電腦網路的密鑰。

從凱撒密碼問世以來，密碼術與解密法已經有了長足的發展，但是，時至今日，我們仍然依賴實際上沒有十足把握的信念，我們能夠安全保管好可以解讀加密文件的密鑰，因此有能力保護好我們的祕密。相較之下，系統安全性的發展史算是相當新近的。直到1988年，摩里斯（Robert Tappan Morris，其父為著名密碼學家、美國國安局旗下國家電腦安全中心首席科學家）使用緩衝區溢位來散播第一個網際網路惡意軟體後，人們才了解到電腦其實有多麼容易遭到攻擊，我們一直以來都是在沙上蓋城堡。但是，更讓人憂心的是，我們並未因此改變我們的策略，擁抱無可避免的受傷與失敗，學習如何控制因此而來的損害。相反的，我們只是在城堡上添加更多的沙，再一次誤以為城牆堅不可摧，甚至相信我們盲目相信的過時假設會屹立不搖。

不是強攻，而是想像各種可能

華爾街在2014年7月呈送一份不祥的文件給華府的立法者，基於網路攻擊可能摧毀龐大資料，滲透無數銀行帳戶，金融服務業的最大商業團體籲請政府成立一個「網戰委員會」。這文件中

寫道：「系統性後果可能大舉破壞經濟，導致對個人與企業存款及資產的安全性喪失信心，引發普遍性的金融機構擠兌，這種信心淪喪可能擴散到直接受到衝擊的銀行、證券公司，與資產管理公司以外的領域。」

這份文件指出，銀行業高度倚賴本身具有安全性弱點的電子網路，這增加了危險性。同月，資安公司CrowdStrike揭露，俄羅斯的駭客團體「活力熊」（Energetic Bear）多年來攻擊美國與歐洲的能源公司，顯然是報復西方國家反對俄羅斯在烏克蘭的侵略行動。一名對付該駭客團體多年的資安專家指出，他們的組織與資金應該是來自政府撐腰。該駭客團體出現於2012年，瞄準發電廠、電力網營運商、石油管線營運商，在當時，「活力熊」看起來像刺探情報的間諜活動，但現在，使用惡意軟體讓他們得以入侵能源公司本身使用的工業控管系統。名列《財星》五百大企業的網際網路資安公司賽門鐵克（Symantec）一名研究員告訴彭博新聞社（Bloomberg News）：「我們非常憂心該駭客團體的破壞行動。」[9]

2012年下半年，美國銀行業遭到多波分散式阻斷服務（DDOS）攻擊，駭客對瞄準攻擊的伺服器發送大量訊息，使電腦的IT基礎設備招架不住而癱瘓，迫使正常運作停止。前述發文給立法者的金融服務業團體指出，這恐怕只是近程至中程內將發動的更複雜規模攻擊行動的暖身而已，該團體承認，金融服務業目前沒有能力抵禦這樣的攻擊。

　　被瞄準攻擊的對象並非只有大銀行和基礎設施公司而已。在網路攻擊與網路防禦的無止盡對戰中，攻擊方一直是獲勝者，但最近被打敗。2013年時，有大約八億張信用卡的卡號被盜用，這數字是2012年時的三倍。[10]如此巨大的數字（相當於超過全球人口的10％），仍然只是資安問題廣度與嚴重程度的一小部分而已。正如一家名列《財星》五百大企業公司的資安長所言：「我們的營運假設是，一部新伺服器開機後的十分鐘內就已經被攻占了。」「攻占」是個資安產業術語，指設備被成功滲入。

　　在密碼術例子、Stuxnet事件，以及網路安全性現況中，一致的課題並不是我們拙於打造堅實的系統，而是我們在採行新防禦策略方面的速度，總是比攻擊者調整攻擊策略的速度來得慢。

　　MIT數學家里維斯特與其合作者在2012年撰寫一篇論文，使用一種賽局理論方法來應付網路安全性問題，這個賽局理論方法的目的是為參賽的兩方找到最適策略，使他們每一方以最低成本來維持對系統的控制。他們的起步假設是，無論你的系統多麼堅實，最終都會被攻入。接著，他們證明，每當攻擊者做出調整時，最佳防禦策略是：以相同的平均時間，但每一次都以不同而難以預測的間隔來做出防禦行動，例如重設密碼，或摧毀與重建一部伺服器。

　　因此，打防禦戰的要領就是要能夠比攻擊者行動得更快、更難以預測；換言之，就是柔韌勝過剛強。現在的惡意軟體、電腦病毒，與其他形式的網路攻擊能夠飛快反應，盡其所能快速繞過

防禦系統，因此，唯一能夠趕上的防禦之道是，認知到現代的網際網路，就像許多其他各類行為者構成的網路，都具有複雜性。網路安全專家、聖塔菲研究機構（Santa Fe Institute）研究員佛瑞斯特（Stephanie Forrest）說：「在複雜系統中，惡意份子無所不在，舉凡生物系統、生態系統、市場、政治系統，都是如此，網際網路當然也是。」[11]

事實上，網際網路已經變得有太多惡毒卑鄙之輩橫行。烏克蘭的網路黑幫，中國的網路幽靈，無聊的美國三腳貓駭客等等，他們的最大障礙已經不再是任何網路上的安全防護措施，而是他們彼此。此外，自動化系統愈來愈成為攻防戰的第一戰線。2016年8月，國防高等研究計畫署（DARPA）舉辦第一屆全機器相互踢館比賽「網路大挑戰」（Cyber Grand Challenge）。[12]在十二小時的比賽中，參賽的機器相互挑戰考驗彼此的防禦系統能力，自行修補自己防禦系統裡的編程以彌補漏洞，並證明「自動化網路防禦」的概念。

導致網路安全性問題惡化的另一個原因是，網路攻擊者處於有利條件。不同於一般的警方調查案件，網路駭客不需要擔心國界或司法管轄區差異性，而且，攻擊行動只需在某一處滲透城堡就行了，反觀國王必須防衛好王國的每一吋城牆，而這還沒把駭客的速度和靈敏度考慮在內。

佛瑞斯特與其他人在《哈佛商業評論》部落格上的一篇貼文中寫道：「電子通訊的速度快如閃電，人類機構對資料安全性與

隱私憂慮的反應需要花時間，這兩者的速度懸殊，且落差愈來愈大。」他們指出，如果想開始縮小落差，必須停止把網路安全性當成一個純粹的技術性問題，應該去思考其政治與社會層面。[13]

機構的行動速度就如同任何試圖行走於一個複雜新場景裡的一大群人，在涉及那麼多利害性下，每一個人都有他的精心計畫，你刮了一個表面，就刮出了一個隱藏於其後的議程。但電腦病毒不僅以光速移動，也以演化速度調適。生物病毒的調適演化速度非常、非常的快，一種最常見的病毒，即A型或B型流感病毒，或是普通流感病毒，能夠在十小時內複製出一千個至一萬個自己。[14]一種遲早會出現的突變，能夠抵抗宿主體內的任何疫苗，這突變能夠在幾個月、甚至幾週內就像病毒般蔓延。從病毒本身的觀點來說，就是成功的調適。同理，惡意軟體、電腦病毒，與其他形式的網路攻擊能夠飛快反應，盡其所能快速繞過防禦系統。

新興複雜系統領域的研究已經發現，許多看似混亂的系統，例如佛羅里達州的沼澤，或抵押貸款衍生性金融商品的黑市，其實有著隱藏的動力與型態。佛瑞斯特相信，這方面的研究也將幫助我們模擬那些系統，想抓住老鼠，就該像老鼠般思考。愈來愈多資安專家認為，想抓住病毒，學習像抗體或免疫系統般思考，或許能有所幫助。

「生物系統演化以應付許多威脅，例如繁殖病原體、自體免疫、提升武器競賽、詐騙、擬態。」佛瑞斯特說：「幫助生物系

統變得強健，以應付這些威脅的一項設計策略是多樣性，即物種中的基因多樣性、生態系中的物種多樣性，或免疫系統中的分子多樣性。」[15]

反觀電腦產業卻是善於製造同質性：發展出幾乎一模一樣的硬體與軟體。結果是，能夠在一部主機（電腦或物聯網上任何數量的個體）造成嚴重破壞者，就能輕易感染任何數量的複製品。

我們的免疫系統是數億年演化下的產品，複雜而難以了解，但根本上，玩的是「我們 vs 他們」的繁複賽局，凡是對於宿體而言為陌生的東西，都是「他們」，凡是宿體不陌生的東西，就是「我們」。為研究網路防禦戰，佛瑞斯特與同事使用「代理人基模擬」（agent-based modeling），在強大的電腦上讓無數個別代理人相互對抗，以模擬複雜系統。不同於其他的電腦模擬（例如氣候科學家使用的電腦模擬系統），代理人基模擬讓個別代理人展現自利行為，最重要的是，讓他們從錯誤中學習與調適，就像一生態系裡的個別參與者，或人體細胞內不停的戰事。[16]

「這讓我們得以看出，一場流行病如何達到一個引爆點。」佛瑞斯特說：「透過歸因每個代理人的『自利』行為，我們可以看出，在複雜系統中，棋賽走了五步、十步或十五步後，將發生什麼樣的情形。」也就是說，一些網路防禦政策對短期來說很有道理，但對長期而言很慘。在網路防禦戰中可以仿效的最明智免疫策略是，縱使在熱戰時期也能夠全員全力運作，為做到如此柔韌，普遍抱持軍事心態的網路安全性設備，必須展現相當程度的

謙遜，接受不尋常。不過，如同佛瑞斯特等人的研究報告所言，
唯一真正安全的途徑恐怕是盡可能遠離網路，仿效非營利創投公
司In-Q-Tel資安長基爾（Dan Geer）的做法。基爾說，他只攜帶
傳呼機，不攜帶手機。[17]

後記：接受混亂，擁抱未知

　　我和「柔韌勝過剛強」這個法則有切身關係，因為我生長於側重剛強的文化，但我在成年生活中培養出一定程度的柔韌。2008年1月，我的兒子芬恩被診斷出有「整體發展遲緩」問題，當時他只有四個月大，但頸部肌肉無法支撐頭部重量，他的體重似乎難以增長，不過，真正讓醫生擔心的是，他沒什麼表情。可是後來，芬恩不僅會笑，還發展出種種表達興奮、好玩、引人注意的詞彙，這是他最明顯的特質，經常出現於口頭溝通中。撰寫此文時，芬恩快滿九歲了，他遭遇了種種身心挑戰，包括但不僅限於自閉症。寫這些並不是想引起同情，我太太和我非常幸運在財務與其他方面獲得了很多資源，可以為芬恩和他那健康的姊姊提供無虞的生活。

　　我述說這故事，是為了例示本書提及的許多法則，對個人具有深層含義。芬恩在許多事情上表現出色，他會很棒的倒立，在打水仗時足智多謀，不過，他最出色的才能大概是擾亂我們平靜的生活現狀。我永遠無法確知何時得離開家裡或何時才能返家，我們隨時可能需要奔向醫院急診室，或是在雜貨店裡，因為緊急需要而慌忙起來。每天，我們那猶如一種複雜混亂系統的兒子，為我們提供學習寶貴教訓與啟示的機會，這些教訓與啟示可應用於家庭以外的領域。我從小學會的本能是絕不妥協，我的父親不

是牛仔型的男人，但他常在夏天時於麥田農場射殺入侵的土狼，為我樹立了一個堅毅的榜樣，我想表現得像他一樣勇敢，展現決心，考驗自己的毅力，努力求勝。

但這些從不管用。過去幾年，我學聰明了，我發現，我對於育子或自由意志所抱持的期望，造成了錯誤的輸或贏二分法：我試圖贏，但總是輸。唯有接受沒有輸或贏，只有不斷出現的事件以及我選擇如何做出反應，這樣，我才會成功。

這和商業世界與快速的科技變化有什麼關聯呢？在我看來，很多。在顛覆迭起的2000年代，我為《連線》雜誌負責報導音樂與報紙產業，柔韌未必意味預期失敗，而是預期你無法預期接下來會發生什麼，因此，應該致力於發展出情境覺察力（situational awareness）。以芬恩的例子來說，代表我必須了解，當他做出拳頭抵著臉頰的驚惶姿勢時，意味的是：「現在立刻回家！」而不是：「爹地，等你買完你的耳機後，我們就回家吧！」對音樂產業來說，代表的是你必須認知到，網際網路是一個應該探索與利用的機會，不是應該去減輕的威脅。被平面媒體密切報導、遭到屠殺而快速衰落的音樂產業，就犯下非常相似的錯誤。在很長的昌盛期間，該產業未能投資創新的產品，到了獲利變得稀薄時，許多曾經優異的公司於是凋萎、衰敗。

　　音樂與新聞產業小到足以被視為煤礦坑裡的金絲雀，勢不可當的科技變化很可能會顛覆法律、醫藥、能源時（已經有跡象顯示如此），將會發生什麼呢？如果要說本書特別為誰而寫，那就是任何決心改變策略，不再側重獲致與力量，改而更側重如何在無法預測的世界裡生存繁榮的個人與組織。芬恩幫助我了解，接受本身就是一種勇氣的展現。

──郝傑夫

SYSTEMS OVER OBJECTS

法則九　系統勝過個體

再強大的個體，也比不上一套強大的系統

　　媒體實驗室聚集了舉世最傑出的藝術家、思想家和工程師，不過，MIT或麻州街另一頭的哈佛大學也是一樣。媒體實驗室與其他地方不同的是，能力與資質雖是這裡的人才特質，但這裡最重視的是原創思考、大膽實驗與激進企圖。在很多學術部門，這些特質可能很快就引發麻煩。媒體實驗室自詡為「怪咖小圈圈」（island for misfit toys），取自聖誕節特別卡通電視節目「紅鼻子馴鹿魯道夫」（*Rudolph the Red-Nosed Reindeer*），其實，他們更像「少年超人隊」。

　　不過，縱使在這麼一個以原創激進為特色的園地，研究跨及多領域的神經科學家博伊登也顯得尤其突出，這裡的人喜歡講述博伊登參加世界經濟論壇的故事。在這年度盛會期間，真正重要的事件，如合併、協定、數十億美元的交易等等，並不是發生在官方活動時，而是發生於晚餐和私底下的宴會上，真正有趣的事大多發生在這些場合，例如搖滾樂明星波諾（Bono）和加拿大總理杜魯道（Justin Trudeau）交換園藝竅門。

　　所以，那一屆研討會的最後一晚，博伊登參加故事裡講述的「怪咖晚餐會」，與會者還包括CNN節目製作暨主持人札卡利亞（Fareed Zakaria）、美國國家衛生研究院長柯林斯（Francis Collins）。晚餐會一開始，賓客們扼要敘述他們的成就與目標，最後輪到博伊登。個頭不高、滿臉鬍子、不修邊幅的他站起身，先環顧在場知名人士後才開口：「我的姓名是愛德華・博伊登，我正在解謎人腦。」然後就坐了下來。[1]

　　如果博伊登當時說得更張揚點，或是帶點自我推銷內容，這故事大概就不會那麼生動了，但他沒有，他是個典型的科學家，有著科學家典型的謹慎與懷疑心態。他說他在解謎人腦，因為證據就是指往這方向。這個神謎度最高的器官，在我們最大、最好的努力下，仍然非常難解。不過，過去十年，我們已經在這方面做出了很大進展，這有不小程度得歸功於三十六歲的博伊登為獲得突破所扮演的重要角色。

　　直到不久前，科學界研究人腦的方法等同於他們研究腎臟的方法；換言之，研究人員把腦部這個器官當成單一個體來研究，把全部時間與心力投入於研究解剖結構、細胞組織、在身體內的功能作用等。但博伊登並非出身這個學術傳統，他在媒體實驗室隸屬合成生物研究小組，該團隊傾向把腦視為動詞，而非名詞。他們不把腦視為一個個別的器官，而是視為重疊系統的所在地，只有在左右這些系統作用、不斷改變的刺激物脈絡背景中，才能真正了解人腦。

　　因此，不意外地，博伊登的團隊是很務實的一群研究人員，重視實行勝過理論。博伊登說：「我對剛加入小組的人提出的前提是：假設人腦之謎將在五十年內被解開，我們需要發明很多的新工具，以達到這目的地，想想看，那些工具是什麼，我們現在應該致力於發明哪項工具？」[2] 在他的實驗室裡，電動工具與焊接板和燒杯與移液管擺放在一起，而且，因為系統並不理會分明的學科領域分界，博伊登刻意招募博通多樣才能的人才，他的團隊

有四十多名研究員、成員、博士後研究員、研究所學生，其中有一位前小提琴演奏家、一名創投家、一名比較文學家、幾名大學中輟生。

泛學科的重要性

解謎人腦並不是一個「難題」。難題涉及嘗試表述我們在試圖了解腦部時遭遇相關挑戰的量與質，這規模大到不行，一般人腦中有一千億個神經元，如果神經元是人的話，一平方公釐（大約一顆罌粟籽）的腦組織就含有加州柏班克市的人口。這還未包括在周邊照料神經元的膠質細胞，就像照料一名印第賽車手的後勤維修班底。[3]

不過，讓神經學家敬畏且困惑的，不是腦部細胞的數量，而是腦細胞與腦細胞間的連結。愛這種情感，不能追溯至一堆神經元，沒有一個密切定義的大腦區負責各種形式的憤怒，意識是「群起」的終極案例，就我們目前的最佳了解，意識群起自我們每秒鐘呼吸時在腦內猛烈碰撞的化學訊號。一個神經元能夠和其他神經元有數千個連結，這些連結又名「突觸」（synapses），這些突觸數量多達數百兆，相當於一千個銀河系裡的星星數量，這可茲說明何以人腦是個龐大、未知而令人類難解的領域，更甚於宇宙。這些連結所產生的運算力之大，應該可以讓任何人都恢復自信心吧！

你的腦部可以儲存2.5PB（petabytes，一個PB是10^{15}）的資料量。[4]只需要十個人的腦部灰質結合起來，就能超過1995年時製造的所有硬碟總儲存空間。[5]雖然，人類已經建造出相當於人腦處理速度，即二十二億megaflop（每秒百萬次浮點運算）的超級電腦，但總共只有四部，占據龐大的庫房。每一部超級電腦使用的能源足以供給一萬個家庭所需，相較之下小巧的人腦所使用的能源量相當於一顆時光燈泡使用的能源量。[6]所以，解謎人腦並不是一個難題，而是一個空前或沒有東西可以較量的歷史性困惑。

　　傳統方法解決不了的，並非只有人腦解謎這個問題而已，本書前文中提及的許多棘手問題也是。如何在急劇變遷的氣候中建立天氣預測？建立全球化、堅實，但又有足夠柔韌而能夠從無可避免的失靈中復原的金融市場？博伊登說，這兩者都是21世紀特有的問題：「人們常談論登月，但最早成功登陸月球的計畫是建立在一個科學學門，即物理學的確鑿原理，做為基石的基礎科學，都是已知的東西。」

　　反觀這些新問題，不論是阿茲海默症的治療，還是學習如何預測多變的天氣系統，似乎都徹底不同於以往的問題，似乎需要我們在複雜系統中找到所有基石。博伊登說：「我們必須進入人腦難以理解的領域，但這不代表我們應該停止去面對現實本身。」簡單來說，這些領域本質上涉及複雜系統。

　　解決一個涉及複雜系統的問題，凸顯跨學科方法和反學科方法兩者微妙、但極重要的區別，跨學科方法例如，在細胞生理學

這個跨學科領域，可能需要結合物理學家和細胞生物學家。但博伊登提出一個更深層的疑問：如果解決這些棘手問題時，需要完全改造科學，創造出全新的學科，或甚至開創一種完全避開那些學科的方法呢？他偏好「泛學科」這個用詞。

博伊登在十五歲時離開高中去上MIT，十六歲生日過兩週後開始大學課程，四年後取得兩個學士學位和一個碩士學位。他的智識興趣廣泛，從雷射學到量子電腦學等等，但他結合了兩種曾經被視為互斥的特質：他相當鍥而不捨，但也願意「碰運氣」。作家懷特（Elwyn Brooks White）曾經這麼形容那些不知足的思想開明者。[7]或者，換個方式來說，在學習與研究時，博伊登並不根據個體來嚴格劃分界線，他根本沒有學習與研究的對象，他著迷於生命本身，著迷於生命的活潑複雜性，例如各種化合物形成化學反應的過程，或是細胞如何複製或變成癌細胞。

在MIT讀書的最後一年，他在紐澤西州的貝爾實驗室度過幾星期，他在那裡看到一群來自各種領域背景的科學家，正在追求一個共同目標：解腦。更確切的說，他們試圖了解一隻鳥的神經迴路如何產生鳥鳴。博伊登發現，解腦這項研究工作特別適合像他這樣的年輕科學家，有興趣焊接電路板，也有興趣了解電路板終將使用到的複雜演算法。那年結束前，他已經進入史丹佛大學攻讀神經科學博士學位。

史丹佛大學裡也有一大群解腦研究者，博伊登很快就和一名志趣相投的醫學院學生戴塞羅斯（Karl Deisseroth）結為搭檔，

兩人花很多時間腦力激盪，思考有什麼方法可以啟動活生生腦部裡的特定神經元。他們考慮過一種方法，使用磁珠來開啟個別神經元裡的離子通道（ion channel）；不過，博伊登很快就發現，有一種研究可以讓他透過一條很不同的途徑來達到相同目的：使用名為「視蛋白」（opsin）的光敏蛋白質，把離子注入或抽出對光做出反應的神經元。[8]

　　這畢竟是他們的課餘計畫，戴塞羅斯和博伊登沒有很多時間可投入，過了一些年，他們才有時間再去做這個啟動個別神經元的構想。2004年，戴塞羅斯已經是博士後研究員，他和博伊登決定做一個視蛋白樣本，展開這項研究計畫。那年8月，博伊登進入實驗室，把一碟培養的神經元培養放到顯微鏡下，啟動他寫的程式，開始測量神經元的藍光。「讓我驚奇的是，我培養的第一個神經元回應藍光，產生準確的動作電位（action potential）。那晚，我蒐集證明所有核心原理的資料，一年後，我們在《自然：神經科學》上發表此研究成果，宣布第二型光敏通道蛋白ChR2可被用來對神經元去極化（depolarize）。」[9]

　　這是一大突破，2015年時，戴塞羅斯和博伊登獲得祖克柏與其他科技業慈善家合組的「突破獎」，兩人分別獲得三百萬美元獎金。[10]在此之前，神經科學家只能當腦部活動的觀察者，觀看大量的神經元對這個或那個刺激做出反應，並試圖推論因果關係。但有了這項被戴塞羅斯及其他同事稱為「光遺傳學」（optogenetics）的新方法，研究人員可以刺激個別神經迴路，觀

察其活動。

博伊登很快和其他人分享光遺傳學的功勞，包括他的合作者，以及當他和戴塞羅斯於 2005 年首度公開此方法時緊跟其後的科學家。不過，套用某位著名神經科學家的話，雖然「想出以往沒人想到的方法」，[11] 但這兩人都是門外漢，傾向把腦部視為一個更大系統中的一個實體，這似乎不是純屬意外。誠如博伊登所言，創造一個「腦部的光控開關」，需要用到分子生物學、基因工程學、外科醫學、纖維光學與雷射學，這其中只有一個被納入神經學標準課程。[12]

光遺傳學為腦部研究帶來革命性改變，此後，博伊登及其他研究人員已精修此方法，使得神經元可以被基因改造，以辨識不同顏色的光。臨床應用還未登場，但首樁在一名人類病患上進行的試驗已於 2016 年獲得核准。[13] 幾年前，博伊登和另一支其他研究人員組成的團隊使用此方法來治療老鼠的眼盲，雖然，這些研究人員無法得知植入光敏細胞的盲鼠到底「看」到了什麼，但他們設計了一個六臂迷宮，發現這些老鼠能夠走出六臂迷宮，抵達一個亮燈標示的出口，速度跟明眼老鼠的速度一樣快，也遠快於未植入光敏細胞的盲鼠。而且，在這項研究的十個月間，此效果一直維持著。[14]

光遺傳學的前景，並非僅限於神經學或特定形式失明的治療。[15] 自從博伊登、戴塞羅斯與張鋒發展出該方法後的十年間，已經被應用於研究：腦部功能、猝睡症[16]、帕金森氏症、以及其

他神經系統疾病[17]的神經元控制，並探索種種應用，例如心律調節器[18]，或應用於治療癲癇。伴隨新的視蛋白被發現，可能性也大增，因為不同種類的視蛋白對不同種類的光做出反應，在哺乳動物細胞中的作用不同，可以多通道控制不同組細胞，或是使用別色光（例如紅光）取代藍光。此外，光遺傳學的研究幫助激發更多互補性工具的發展，例如神經訊號記錄與成像技術。[19]

「地球上有超過十億人，苦於某種腦部功能失調。」博伊登說：「這其中的許多疾病，包括帕金森氏症、癲癇、創傷後壓力症候群等，最終或許可以使用來自光遺傳學的洞察來治療。」

創造系統導向的未來

伊藤穰一接掌媒體實驗室後不久，安排了一趟前往底特律的行程。他剛推出一項方案，名為「創新者的指南」，意圖為一個頂尖學術機構空氣稀薄的環境引進一些新點子，也幫助媒體實驗室連通更廣大的世界。這項方案是夥同奈特基金會（Knight Foundation）與設計顧問公司IDEO推出的，這三個組織的目的是想借助媒體實驗室的創造力來解決底特律市內貧民區一些最迫切的問題，例如取得新鮮蔬果的管道。

但是，團隊在抵達底特律後發現，對於什麼是困難問題，當地社區有自己的看法。由於許多街燈的電線被拆去賣錢，底特律的許多街道在天黑後變得黑暗危險，媒體實驗室的一些設計師開

始研究可能的解決辦法，例如使用以塑膠元件打造的太陽能光電系統。但是，和更多社區居民相談後，他們發現自己的初始理論是錯的，真正的問題不是缺乏照明，而是在缺乏街道照明之下，居民無法確知其他社區居民在何處，這使他們感到不安全。摒棄初始理論，使得這些工程與設計系的學生願意去傾聽當地居民，與他們商議，幫助他們發展出一個解決方案，利用社區資源，讓他們創造出自己的街道照明。

這些學生與設計師和社區居民相談後得知，此社區的零售事業只有酒類商店，看來似乎幫不上忙，但他們後來發現，這些商店有販售手電筒，手電筒可以拆解。他們花幾天時間教當地孩子如何焊接，打造出穿戴式裝備，不僅提供照明，還可以讓孩子在黑暗中找到彼此。這些學生和設計師沒有講什麼理論，他們只是動手幫助孩子打造這些裝備，大多數點子來自孩子本身，這讓孩子非常興奮。媒體實驗室團隊從中獲得一個啟示：負責任的干預，是了解創新將在一個更大的系統裡扮演什麼樣的角色。媒體實驗室自行設計的東西只是單一個體，太陽能光電系可以和底特律重疊社群的特殊需求、境況與複雜性融合嗎？也許，但那將是意外成分大過意圖成分。

「系統勝過個體」的認知是：負責任的創新需要的不只是速度與效率，也需要持續聚焦於新技術將造成的整體影響，了解人們、他們的社區，與他們和環境間的關聯性。

以往的創新世代主要考慮個人或公司的利益：這東西對我有

什麼好處？我如何用這東西來賺錢？但是，創新者可以發展新產品與技術性干預，無需考量其生態影響、社會影響與網路效應的年代已經過去；未來，創新動機必須與深度考量其潛在系統的影響性相調和。充分擁抱這個法則，我們可以確保未來的創新，對我們所處的各種自然系統有正面或至少是中性的影響。

　　為達此目的，我們必須對我們針對的社區有更充分的了解。在媒體實驗室，這意味的是從側重打造個體，轉向側重建立關係，使媒體實驗室成為網絡中的一個節點。在過去，媒體實驗室就像一個裡頭裝了創新者、創新產品與創新點子的容器。這並不是說媒體實驗室從未致力於改善介面、賦能個人、把數位器材的潛力擴展至具備社群網路和通訊功能。其中一些計畫涉及建造網路本身，例如「驢網」（DonkeyNet），真的是用驢子來為偏遠社區提供路過式Wi-Fi；以及後來的DakNet，為印度偏遠地區提供電子郵件等網路服務。以往的其他計畫聚焦於為鄉村地區的保健工作者研發行動診斷法或工具，或是硬體性質，包括「每個小孩一部筆記型電腦」計畫，設計低成本筆記型電腦與後來的平板電腦，提供給世界各地孩童。[20]

　　過去幾年，媒體實驗室嘗試朝向另一種模式，把實驗室變得更像個使用廣泛網絡的平台，連結至全球社群，歡迎更多樣的意見與投入。媒體實驗室透過種種努力，拓展和慈善基金會、個人慈善家、全球各地社區合作，例如「Director's Fellows」方案，建立從利比亞到底特律等各地區、從西洋棋特級大師到佛教僧侶

等各領域的會員網絡。Daknet與OLPC之類的計畫提供了迫切需要的網路連結，Director's Fellows則是廣大的人類知識與行動網絡的一部分。

擁抱「系統勝過個體」的方法，幫助我們實行以下的理念：每一項科學或技術的干預都必須考慮對整個全球網路的影響。

把這種方法比擬於以價格和工程考量為主的傳統工業設計，一個著名的故事是，福特（Henry Ford）他下令Model T車款只有一種顏色，即黑色，因為黑色烤漆乾得較快。雖然，普利茅斯州立大學教授博吉斯（Trent E. Boggess）的近年研究質疑此軼事的真實性，但在他提出的另一個解釋中，亨利福特仍是以個體觀看待Model T。博吉斯說：「Model T是最務實的車款，無疑的，亨利福特深信黑色是最實用的顏色，Model T全都是黑色，並不是因為黑色烤漆較快乾，而是因為較便宜且耐久。」[21]

雖然，對於意圖「大量生產」，且「價格低到凡是薪資收入不錯的男人都買得起一輛，能和家人在上帝賜與的大開放空間度過美好時光」[22]的車款來說，便宜且耐久的烤漆或許是個好特質，但這顯然不是購車者想要的唯一特質。1927年，便宜耐久的Model T讓位給Model A，後者具有亨利福特早前不考慮的許多造型美學元素與進步技術。[23]

雖然，這些都是反應大眾需求而做出的改變，一直要到1980年代，社會學研究才有系統應用於設計上，產生以人為中心的設計，反應使用者的需求。[24]誠如賈伯斯所言：「你必須以顧客體驗

為出發點，回溯至技術。」[25] 到了 1990 年代末期，這已經演進至參與式設計，邀請使用者貢獻他們的點子；共同設計則是再推進一步，邀請使用者本身變成設計師。[26]

　　共同設計的本質是，讓使用者發展出因應他們生活所在系統的解決方案，然後把這些解決方案植入此系統裡。許多這類解決方案具有高度特色，非常合適於創造者，但不是為大眾而設計。在亨利福特的工業年代，這可能會產生很慘的結果，但現代數位與製造技術，已經愈來愈能遂行針對小數量使用者的客製化產品與軟體。

　　這種方法的優點是，創造出有高柔韌度的系統，在使用者的需求改變時，能夠快速反應。不同於福特汽車公司在以 Model A 取代 Model T 時必須全面更換機器設備，在共同設計的模式下，參與的社群能夠以即時或接近即時的方式，重新設計其解決方案。

　　當然，創造系統導向解決方案的途徑並非只有共同設計，致力於採行該法則的組織也不是只有媒體實驗室。Google 在描述其自動駕駛車時強調，汽車只是單一個體，驅動汽車的人工智慧是系統，必須與觸及的其他系統無縫配合。因此，感應器與軟體被設計成配合既有的道路基礎設施，並解決常見問題如酒駕、運送有行動困難的人。如果以個體導向的方法來建造無人駕駛車，很可能只會得出旨在提高公司獲利的昂貴玩具或貨車。但 Google 採用系統導向方法，很可能為人們的生活帶來重大改變與貢獻。

後記：在空白領域鑽研

2016年3月，媒體實驗室與MIT出版公司共同推出《設計與科學期刊》（*JoDS*），旨在拉近設計與科學的距離。

此連結包括檢視設計學與科學的設計，以及這兩者間的動態關係，我們的目的是，用媒體實驗室的招牌「反學科模式」來倡導一種嚴謹、但靈活的方法。

在思考如何描述媒體實驗室所創造的「空間」，我喜歡想像一大張的紙代表整個科學，各學科則是散布於其上的小黑點，這些小黑點間的大量空白處則是反學科空間。許多人想在這些空白領域鑽研，但經費供輸很少，更難靠著鑽研這些空白領域而取得終身教職，除非你已經或同時穩定立足於其中一個學科領域。

從發展境況來看，許多有趣，或邪惡，或棘手的問題，愈來愈難用傳統的學科方法來處理，人體複雜性的解謎就是一個最好的例子。獲得快速突破的最佳機會，應該是透過一種協作模式的科學，但我們似乎仍然無法超越「泛學科」的模式。由許多不同學科拼湊成的一個複雜馬賽克，致使我們常無法認知到我們面對的其實是同一個問題，因為我們使用的語言太專業，我們架構的顯微鏡相差太多。

在經費與學術聲望太聚焦於個別學科的情況下，做出一個獨特貢獻所花費的訓練和資源愈來愈多。雖然，學科間與學科外的

空白空間鑽研，可能具有學術上的風險性，但在這些空白領域鑽研，有種種好處：競爭往往沒那麼激烈；嘗試有希望的非傳統方法時，需要的資源較少；在目前相互連結得不好的既有學科間建立更好的連結，可能產生巨大的影響。此外，網際網路提供的龐大資源，以及運算、打造原型、製造等方面的成本持續降低，使得做研究的許多成本降低了。

「設計」現在已經變成了一種多義詞，有太多含義，因此沒有一個確切的含義。另一方面，設計包含了許多重要點子與方法，在設計的脈絡中思考科學的未來，也在科學的脈絡中思考設計的未來，這是既有趣、又有收穫的做法。

設計同樣也從個體（實體與非實體）設計，演進至系統設計，再演進至複雜調適系統的設計。這種演進改變了設計師的角色，他們不再是中央規劃者，他們變成了他們要設計的系統中的參與者。這是徹底的轉變，需要一套新的價值觀。

現在，許多設計師為公司或政府工作（那些政府發展的產品與系統主要聚焦於確保社會有效率運作），但這些設計工作並未包含、也不關心公司或政府需求之外的系統。這些被忽視的系統（例如微生物系統）受害，對設計師構成了大挑戰。

MIT教授奧斯曼及尹美真（Meejin Yoon）開了一門很受歡

迎的課「泛尺度設計」，討論小至微生物、大至天體物理的各種尺度的設計。雖然，設計師與科學家無法預測複雜的自我調適系統的結果（尤其是全尺度規模的系統），但我們可以思考與了解我們對這每一個系統的干預的影響性，並為這些影響負起責任。這將是我們無法充分控管結果的一種設計，不像設計一台機器人或一部車，更像是生一個孩子，並影響他的發展。

　　這種設計的一個例子，是自稱為演化雕塑家的媒體實驗室助理教授艾斯維特（Kevin Esvelt），他正在研究生物群體，例如媒介傳播萊姆病的老鼠、媒介傳播瘧疾的蚊子等基因編輯方法，想透過基因編輯，使牠們能夠抵抗病原體入侵，而不再傳染給人類。

　　CRISPR基因驅動工程就是一種基因編輯技術，把這類媒介生物改造基因後，釋放至野外，使牠們所有後裔都遺傳了相同的改變，不再成為傳染媒介，這可能有助於撲滅瘧疾、萊姆病，與其他病媒與寄生蟲疾病。不過，艾維斯特的研究聚焦的不是基因編輯或特定生物，而是整個生態系，包括我們的健康系統、生物圈、我們的社會，以及思考這類干預的能力。

　　身為參與者的設計師，我們聚焦於改變我們自身，改變我們的做事方式以改變世界。在這種新視角之下，我們將能更有效應付那些不能明確歸屬於目前任何一個學門的重要問題：基本上，

我們尋求重新設計自己的思考模式，藉由影響我們自身，進而影響全世界。

—— 伊藤穰一

結語

　　一旦你學會看出一種特定型態後，你就會開始到處看到這種型態。例如，如果所有生物都是一陣一陣的演化，即長期穩定、中間間隔了短暫爆發性變化的型態，通常被稱為「間斷平衡」（punctuated equilibrium）。那麼，人類玩的遊戲也是這種型態，那有什麼奇怪？例如，籃球迷可能會指出，厄文（Julius Erving）在1980年NBA季後賽中的籃板後方反手上籃是籃球演化史上的經典時刻；曲棍球球迷可能會說，格雷茨基（Wayne Gretzky）把曲棍球變成一種真正的團隊運動，他向世人展現，最偉大的運動競賽行為出現在當你不是揮盤攻門的球員時，你做出什麼樣的表現。

　　圍棋也有類似情況，當一位棋手為賽局定下乾坤時，認真的學員可以看出，因為他們已經觀看過很多棋賽了。歷史上有不少一著定乾坤的名局，傳說唐朝時，一位來訪的日本王子與中國圍棋大師對弈，大師的「一子解雙征」讓日本王子推盤認輸。還有發生於1846年的「赤耳之局」，一著險棋定乾坤，同時也改變了

後世下圍棋的步數。[1]這些出人意料且達到傳奇地位的驚人「妙手」，可能隔數十年才出現一次。[2]因此，當2016年3月一場萬眾矚目的棋賽中，出現了兩次被視為妙手的棋步時，更顯不凡。

圍棋常被拿來和西洋棋相提並論，不過，除了兩者都是策略賽局、且由兩人對弈外，圍棋既比較簡單，因為只有兩個規則，也遠遠更為複雜，因為可能的棋步數目比宇宙中的原子總數還多10的幾十次方。[3]高水準的圍棋棋手對弈時，分別把黑子與白子下到19×19的棋盤縱橫線交叉點上；新手可以選擇較簡單的賽局，使用9×9的棋盤，或13×13的棋盤。無論使用什麼規格的棋盤，目標是攻取更多領域和吃掉對手更多的棋子。

德國西洋棋大師泰齊曼（Richard Taichmann）曾說：「西洋棋有99%是戰術。」成功必須看任何一步的長期後果，但是面對一個空白棋盤，世上沒有一個天才能夠算出361步的可能結果。圍棋奇才往往具有神奇的型態辨識技巧，並仰賴他們的直覺，功能性磁振造影（fMRI）研究發現，圍棋棋手的右半腦（司掌視覺觀察及整體覺察）比左半腦更活躍。[4]其實，有著近乎無限可能性的圍棋棋盤，沒那麼相似於西洋棋，反倒更像畫家的空白畫布，約莫在《舊約聖經》撰寫的年代發明了這種遊戲的中國人，想必也是這麼認為。古代中國人認為，每個紳士都應該通曉琴棋書畫這四門藝術。

直到不久前，這些近乎無限可能性，仰賴直覺重於邏輯的特性，使得設計一部善於下圍棋的電腦被數學界視為「難題」，

即「不可能」的委婉說法。這問題表面上相似於西洋棋，實則相差甚遠，因此，用於解決西洋棋電腦設計問題的方法，無法被用來解決圍棋電腦的設計問題。IBM的電腦科學家花了十二年才建造出能夠打敗西洋棋特級大師的「深藍」（Deep Blue）電腦：在1997年舉行的六局比賽中，深藍擊敗西洋棋世界冠軍卡斯巴羅夫（Garry Kasparov）。深藍每秒能夠分析兩億步棋，仰賴的是一種「蠻力」演算法，最多可以估計隨後的二十步。

每秒能夠分析兩億步棋，這聽起來似乎已經是大到驚人的數字，但是，深藍連普通資質的八級圍棋手都挑戰不了，那361步黑子與白子內含的困難性多到難以招架。全新的賽局理論與數學領域被創造出來，方讓我們的卑微腦袋去思考這些疑問，如果讓深藍這種蠻力型的機器智慧去玩圍棋，需要的處理時間多於我們宇宙的一千兆年壽命。

2006年，法國電腦科學家科隆（Rémi Coulom）寫了一篇論文，暗示一條新的攻擊路線。[5]1950年代時，研究人員發展出一種搜尋演算法，以蒙地卡羅賭場（Monte Carlo）來命名，他們用此方法來模擬核爆效應。在無法探索每一種可能結果之下，蒙地卡羅方法搜尋整體的一個統計樣本。這演算法本身並不合用於圍棋，但科隆加以修改，使電腦軟體能夠辨識出比其他棋步更值得深思細察的棋步。一些棋步是能夠分支出更多可能性的節點，科隆編程他的蒙地卡羅樹搜尋演算法，去辨識在任何一定的順序中，哪一步最有希望，然後聚焦於那個特定節點可能分支出的結

果。這讓電腦軟體可以去學習人類棋手在無數小時棋賽中潛意識內化的成功型態。

接下來幾年，科隆的這個程式「Crazy Stone」與其他軟體產品較量時屢屢獲勝，2013年時，擊敗舉世頂尖職業棋手，不過，那是在對方開頭讓四子的情況下獲勝的（職業棋手與業餘好手對弈時的讓步）。當時，圍棋界和人工智慧機器學習界都普遍認為，要很多年後，人工智慧才能達到在未獲讓步優勢下與最優秀的人類棋手對抗，機器無法仿效最高乘棋賽時棋手展現的即席應變與創意。

不過，那是在《自然》科學期刊在2016年1月刊登一篇爆炸性報導之前。這篇報導指出，Google的人工智慧計畫「深智」（DeepMind）已經加入競賽，[6]其AlphaGo程式首先向巨量的以往圍棋賽學習，然後透過一種創新的強化學習，自己不斷和自己比賽，愈來愈精準。這篇報導透露，2015年10月，Google安排AlphaGo和當時的歐洲圍棋錦標賽冠軍棋手樊麾進行五局比賽，結果AlphaGo五局全勝。這在機器學習領域是個分水嶺的關鍵時刻，電腦首次在沒有讓子優勢下擊敗職業圍棋棋手。這篇報導引述科隆說，他曾預期還要再等十年，機器才會展現優異的圍棋棋技。另一位人工智慧研究員薛佛（Jonathan Schaeffer）指出，深藍電腦在1989年時就已經常擊敗西洋棋特級大師，但要再過八年之後，才好到足以擊敗卡斯巴羅夫。

AlphaGo很快就將迎來卡斯巴羅夫時刻。《自然》期刊透

露，AlphaGo將在2016年3月迎戰被普遍視為當今最優秀的圍棋大師李世乭。「不是對AlphaGo團隊有任何不敬之意，但我賭人類會贏。」薛佛告訴《自然》期刊：「把AlphaGo想成是個神童，突然間快速學會精湛的圍棋技巧，但經驗不多，我們從西洋棋和西洋跳棋中看到的是，經驗很重要。」[7]

並非人人都雀躍於見到機器銳不可當入侵我們生活的所有層面，《自然》期刊那篇文章出刊的當天，祖克柏張貼一文宣布，臉書也有能在圍棋賽中擊敗人類的人工智慧，但是：「為何要去打擾那古老的遊戲啊，就讓那裡沒有任何的人工玩家，不行嗎？我們真的需要凡事都有人工智慧嗎？」[8]到了6月，這篇文章已經收到超過八萬五千則回應和四千則評論。

出人意料的一步

歐洲冠軍棋手樊麾在兩個觀眾面前和AlphaGo比賽五局：一位是裁判，另一位是《自然》期刊的編輯。李世乭和AlphaGo的比賽在南韓首爾四季飯店舉行，背後有一排來自全球各地的電視攝影機，讓全球無數人觀看我們人類最後的殷切希望，試圖拯救有瑕疵、無法預測的人類。李世乭下了一連串冒險、反傳統、可能令閱讀了龐大數量棋賽參考書的機器措手不及的棋步，但AlphaGo鎮靜無比，以逐步奪回上風來懲罰李世乭的犀利棋步，直到終勝。根據其他職業棋手的觀察，賽局不久就可明顯看出，

AlphaGo在倫敦擊敗樊麾後的短短幾個月間，棋技更顯著精進了。

第一局擊敗李世乭後，Google深智團隊已經解決了難題，駕馭了長久以來被視為反映人類思考流程的一種遊戲。突然間，五戰全勝似乎有望。

第二局，已見識過AlphaGo功力的李世乭對其展現敬意，下子謹慎，避免犯錯。這場棋賽，他的目的可不是要譁眾取寵於觀看的兩億八千萬人，對段數高如李世乭來說，他要穩紮穩打，滴水不漏，他無比沉著，但信心流露。但是，棋賽進入中間階段時，AlphaGo做出不尋常之舉：出人意外把一枚黑子下在大致上還相當空白的棋盤中間右邊區域。換成另一種情況，這或許有其道理，但在那棋盤的當時，AlphaGo此舉似乎要放棄正在發展中的棋盤下方區域。這是人類棋手極不可能下的一著棋，根據AlphaGo的計算，一個人類棋手走這一步的可能性是萬分之一。[9]這步棋立刻引起觀眾震驚困惑，李世乭面色蒼白，喊出暫停，離開近十五分鐘後才返回。

英語評論員全都沉默不語，然後，某人非常保守簡單的說了一句：「這是很出人意料的一步。」

和《連線》雜誌作家梅茲（Cade Metz）一起觀賽的樊麾也跟絕大多數人一樣疑惑不解：「這不是人類的步數，我從未見過人類棋手下這樣的棋步。」他告訴梅茲。誠如梅茲後來所言，兩千五百年的圍棋史知識與理解，讓任何人都無法明白第二局比賽

中黑子第37手，除了樊麾。[10]在2015年10月輸給AlphaGo之後，他花了些時間幫助Google深智團隊訓練這軟體，準備與李世乭的對抗賽，這經驗讓他得以了解，在AlphaGo即將採行的策略中，黑子第37手和其他黑子的關係，看到這一步，樊麾連連讚了幾句：「漂亮！」這一步不僅是「手筋」，即讓對手出其不意的一著，還兼具美學與策略高明性，甚或還能稱得上是「妙手」呢！那局結束後，最大的新聞不是AlphaGo又贏了，而是展現了如此高度的人類特質：即席應變、創意、涵養。於是，我們得知，機器有靈魂。

在人類與機器一決高下的結果出爐幾週後，Google深智團隊的人工智慧研究員哈薩比斯（Demis Hassabis）在MIT進行了一場演講，討論這場對抗賽，以及他的團隊如何發展AlphaGo。這場演講在MIT最大的講堂舉行，沒有座位，只能站著，講堂裡滿是學生，聽著哈薩比斯敘述他們的機器學習方法，如何證明先前預測電腦還得再過十年才能打敗李世乭等名家的專家錯了。

關鍵在於聰明結合深度學習（deep learning，機器學習的一支，聚焦於從資料中辨識型態，類似於人腦或Google能夠在看到許多圖像後辨識出一隻貓或一輛救火車）與學習，使電腦能夠根據統計來推測某個東西可能是什麼。或者，根據以往的所有賽局來推測，圍棋賽中與之對弈的這個人類棋手在特定情況下可能採取什麼策略及走什麼棋步。這創造出一個棋手的最基本模型，根據以往賽局中學習到的型態來推測棋步，接著，他們又增加了

一種強化學習，讓電腦去學新東西。人腦在做某件事成功時，會獲得多巴胺做為獎勵，人腦因此得知做對了，這會強化那條「做對了」的神經路徑；同理，強化學習讓一部電腦做出嘗試，對成功的實驗予以獎勵，因而強化那些策略。AlphaGo以本身的基礎版本為起始，創造出種種稍稍不同的版本去嘗試許多種策略數百萬次，獎勵勝出的策略，就這樣藉由和更好的自身版本對弈，使自己變得愈來愈優秀。後來，再與人類專家對弈，在持續的學習中，使自己和人類專家的棋技都變得更精進。

　　哈薩比斯在演講中透露一個又一個的突破，那些突破是在座的研究人員以往認為不可能做到的事，大家的興奮之情明顯可見。哈薩比斯也用圖片和影片展示AlphaGo和李世乭對抗賽的其餘內容，原來，黑子第37手並不是這場對抗賽中的最後一個戲劇化時刻。第二局賽完，李世乭回去做了一些功課，根據已知的蒙地卡羅樹搜尋演算法弱點，發展出一種策略。第三局開局，李世乭下了一步迫使「劫爭」（或稱打劫，就是一方提掉對方的一子，迫使對方報復或捨讓）。李世乭這麼高段位的棋手打出這麼犀利的開局，多數對手都會驚心動魄，但AlphaGo似乎輕鬆應付對手的每一個高明棋步，一名評論員驚嘆觀眾是否在觀看圍棋步數的「第三次革命」。走了176步後，李世乭棄子投降，AlphaGo五戰三勝，確定李世乭已無法獲得一百萬美元獎金。在第三局賽後的記者會上，彷彿肩負著整個人類物種重量的李世乭向全球觀眾致歉，他指出，人類既得打心理戰，又得和機器對戰，他難過的

說：「我無法克服巨大的壓力。」

　　不意外的，第四戰在低迷的氣氛中展開。在如此俐落連三場擊敗使出渾身解數的李世乭之後，AlphaGo似乎已經注定要拿下最後兩戰的勝利，第四局的前半場看來，似乎也是會如此收場。但是，李世乭出其不意以白子第78手在棋盤中央下了一著「挖」，全球數億觀眾可以看出，AlphaGo顯然不知該如何應付，於是走了幾個拙步，讓李世乭有機可乘，勢如破竹，最終，AlphaGo棄子投降。評論員說，李世乭這是神來一手，這一步堪稱「妙手」。

　　AlphaGo最終以五戰四勝成為這場人機對抗賽的勝利者。很多人大概會想，電腦擊敗一位著名的圍棋高手，可能會導致人們對圍棋的興趣降低，或是減損圍棋的趣味性。事實上，在線上觀看這場對抗賽的人比觀看美式足球超級盃的人還要多，[11] 圍棋棋盤銷售量暴增。[12]MIT圍棋社的一名學生說，圍棋社社員人數增加一倍。哈薩比斯在MIT的演講中說，和AlphaGo的互動重燃李世乭對圍棋的興奮。

　　AlphaGo顯然並未降低人們對圍棋的興趣，反而對圍棋賽及玩家和學者社群注入了創意與活力。中國圍棋協會授與AlphaGo九段證書（九圍棋棋手最高段位），正面反應機器與圍棋界之間的堅實關係，讓伊藤穰一更加相信，未來未必要交由魔鬼終結者般的人工智慧來決定人類的好壞與去留；未來可以是人機合作的社會，人類與機器相互激勵，增進共同智慧。

未來已來，奇點將至？

　　未來學家、巡迴演講常客庫茲威爾（Ramond Kurzweil）在
2005年出版的《奇點臨近》（*The Singularity Is Near*）一書中，宣
傳「指數式變化」概念，他預測，到了2029年，電腦的閱讀能力
將跟人類一樣好，機器比人類更聰明的「奇點」（singularity）將
在2045年到來。根據奇點理論，奇點到來的那一天，我們將目睹
「智慧爆炸」，機器將會快速設計出更聰明版本的自身，這跟2013
年上映的科幻愛情片「雲端情人」裡描繪的情境很相似。

　　機器學習領域的多數專家相信，有朝一日，人工智慧終將進
展至這樣的奇點，唯多數專家大概寧願穿著內衣出席諾貝爾獎委
員會會議，也不會像庫茲威爾那樣提供一個如此明確日期。以定
義來說，奇點指的是一個函數有無限值，就像一個黑洞中心的時
間與空間。那麼，過了技術性奇點後呢？庫茲威爾說，我們將進
入極樂的超人類主義，人與機器的分界變得難以辨別，超級智能
漫遊於地球，解決所有的人類問題。其他例如Paypal共同創辦
人、特斯拉（Tesla）電動車的發明者馬斯克（Elon Musk）則認
為，機器將理所當然把人類看成一種汙染地球的、會轉移的癌細
胞，快速消滅人類。

　　我們鼓勵更寬廣的視野：人工智慧也許有好有壞；又或者，
當權衡未來一個世紀可能發展出的其他威脅及有益結果時，論辨
人工智慧的好或壞已無關緊要。北極圈的正回饋氣候過程目前正

加速北極圈海冰的融化，如果此速度比預測的還要快，可能面臨把我們帶回黑暗時代的全球大災難。或者，一群虛無主義駭客可能一舉摧毀全球金融市場，導致恐慌，繼而導致廣布的衝突。又或者，可能爆發如同14世紀規模淋巴腺鼠疫的流行性疾病。

　　一場滅絕事件並非如同看似的那麼不可能發生，畢竟，以前就幾乎發生。大約七萬年前，一場火山爆發，據估計把全球人口減到只剩下約一個僅一部計程車營運規模的小鎮人口。不過，我們鼓勵較不那麼悲觀的觀點：1896年時看到「活相片」的觀眾，大概無法預料到有朝一日會出現「大國民」（*Citizen Kane*）這樣的影片，同理，我們的新技術最終會被用於什麼用途，現在的我們現在也難以了解及預料。本書的目的並不是要用可怕的未來展望來嚇唬你，想像克卜勒62e行星上的生命，同樣很有趣。

　　由於從語音助理Siri到特斯拉車，很多東西都被貼上「人工智慧」的標籤，因此，我們把這類解決問題的人工智慧稱為狹義或專門性的人工智慧，以和「通用人工智慧」（AGI）有所區別。人工智慧專家高爾佐（Ben Goertzel）建議，讓AGI機器可以申請進入大學，取得學位。

　　專門性人工智慧和通用人工智慧有許多差異，但兩者都不是編程的，是「被訓練」的，或是自己「學習」的。專門性人工智慧由工程師精心訓練，他們調整資料與演算法，不斷測試機器，直到機器能執行被要求去執行的特定事項。這類人工智慧並無創意，被高度監管，應用狹窄。

機器學習及其他領域的數十種進步仍然是介於我們和一種通用人工智慧中間，但AlphaGo已經實現這其中的幾種，顯然有創意，能夠透過統計系統，得出某種符號邏輯。這項成就的意義非凡，因為在過去，許多人不相信深度學習可以產生符號推理。

不過，儘管AlphaGo非常聰明，非常有創意，也只能在圍棋賽中擊敗你，沒法在西洋跳棋賽中擊敗你，整個表達與視覺宇宙就是19×19的縱橫線棋盤和黑子與白子。如果要AlphaGo感興趣於上夜總會或競選，那還需要許多的技術突破，事實上，我們可能永遠不會有上夜總會或競選的機器。但或許不必等到太久以後，有會AlphaGo之類的機器去決定是否准予假釋，裁定保釋金，開飛機，或教我們的小孩。

伴隨人工智慧的進步，機器很可能變成融入我們的身體、我們的家或車子、我們的市場、我們的法院體系、我們的創作行動，以及我們的政治的一部分。現在，我們的整個社會已經比我們個人更為聰明，我們是一個集體智慧的一部分。伴隨機器持續融入我們的網路和社會裡，已經變成我們的智慧的延伸，也把我們帶入一個延伸得更廣的智慧。

一些奇點主義者相信，要不了多久，人工智慧就會好到足以讓許多人失去工作。這或許沒錯，尤其是短期而言；但是，也有人認為，生產力的提高將能讓我們創造出全面性基本所得，以支撐被機器取代的失業者。在此同時，許多人擔心，工作帶給我們尊嚴、社會地位、及組織，因此，我們不能只關心提供所得，更

要思考在工作被機器取代後，我們要如何接受自己，要改而創造什麼，或許是透過學術性質或創意性質的活動來從事創造工作。

我們也應該思考，人與機器將如何共事，我們要如何確保人們覺得那些和他們一起生活及共事的機器在進化的同時，抱持與他們相同的價值觀，反映他們的道德觀。一種可能的方法是媒體實驗室可擴大規模合作研究小組領導人拉旺（Iyad Rahwan）稱為「把社會納入迴路」機器學習，使用社會規範來訓練及控制人工智慧，這或許會得出人與機器共同演化的系統。[13]2016年，美國國防部的人工智慧預算是三十六億美元，但學術界和產業界的人工智慧研究人員呼籲，國防部發展的這些機器以及訓練的人應該加入與大眾的公開討論。問題是，我們看到的是開放社會和較保密的軍方控管行動這兩者在開發通用人工智慧方面進行競賽嗎？人工智慧開放研究的黃金年代，會不會隨著私人公司變得愈趨競爭、愈接近獲得答案，就漸漸轉趨封閉而結束這開放的黃金年代呢？

在未來十年，這些事件將更加開展，對世界的影響性很可能大於本書中探討的任何主題。不過，不論發生怎樣的變化，奇點主義者說對了一點：以指數速度演進中的，不指是技術，還有變化本身。變化是技術發展的產物，也是其他發展的產物，過去二十五年，我們已經從簡單系統駕馭的世界邁進至被複雜系統困擾與困惑的世界，本書前言中解釋了這背後的因素：複雜性、不對稱性與不確定性（難以預測性）。接下來總結我們的目標，這

目標的雄心程度不亞於為21世紀提供一份使用者指南：以柔韌、敏捷，與富有教育啟示的失敗經驗來打造組織。

調整現在，就能適應未來

2012年春，在刮著強風的某天，我們初次為撰寫此書碰面，那是星期天下午，媒體實驗室附近的街道幾乎杳無人跡。前一年的秋季，伊藤穰一接掌媒體實驗室總監，該知名機構是驅動資訊經濟與許多科技創新的原爆點。那天，伊藤從他位於波士頓南端的臨時公寓，騎著腳踏車來到媒體實驗室。他後來在劍橋置屋，但鮮少在任何地方待上超過兩、三天。是我們的經紀人布洛克曼（John Brockman）建議我們碰面的，我們有點尷尬的握握手，然後上樓到媒體實驗室一間玻璃隔間的會議室，開始討論，看看兩人是否想合撰一本書。

那天討論結束時，已經產生了幾個主題。我們兩人對這世界都有廣泛的好奇心，兩人都不是循著尋常路徑進入學術界，這意味的是，我們得以免於可能影響學者終身的那種學科狹窄視野。伊藤穰一是大學中輟生，以創業家及部落客身分來展現他的智性實力。傑夫在《連線》雜誌當記者多年，後來進入哈佛大學擔任研究員一年，再成為東北大學助理教授，並取得終身教職資格。

過去幾年，我們兩人都曾對大批決策者演講過，這些決策者包括《財星》五百大企業經理人、聯邦調查局幹員、外國領

導人。經驗使我們深切擔心大型機構應付人類歷史關鍵時刻的能力，我們兩人都相信，未來將出現非一般主管能了解的急劇混亂變化，這更加深了我們的憂心。

　　那天的討論也發現，我們對未來主義領域都抱持懷疑，人類向來非常拙於預測未來事件，未來，預測將只會更難。

　　或許，最重要的是，我們發現，兩人都很關心這些。探討新觀念的書籍似乎往往在客觀超然手法和較含糊的演講用詞語之間擺盪，我們想結合學術嚴謹性與個人工作熱情的新東西。

　　我們當天討論的思想成為架構本書的九大法則，而這些法則極其重要。人們的生計和許許多多的產業都面臨危急關頭，看到涉及龐大經濟與社會價值的機構，無憂無慮朝著危險的圓盤鋸走去，令我們感到猶如聽見大火警鈴，憂心不已。

　　我們不是試圖向你推銷，一種安排你的工作生活的方式或運動處方，也絕不是試圖說服你相信我們對未來的展望，因為我們沒有一個確切的未來展望，我們有的只是一個堅信，堅信未來將非常、非常不同於我們現在所處的世界。我們倒是有個論點：創新並不是學習如何使用社群媒體去產生銷售線索，為一個連結的全球而修改你的事業，需要的不只是為你的經營管理團隊添購時髦的視訊裝置而已。我們認為，需要的是更深層、更根本的改變：一個全新的思考模式，一種認知的演化，其演化程度猶如四腳壽學習如何以後兩足站立。

　　思考這九大法則的一種方式是：兩項簡單但重要的發展使

得人類與這世界的互動發生了重大改變，這些法則是觀察這些重大改變後獲得的啟示。第一項發展是網際網路，不同於以往提供多對多及一對多連結的通訊技術。英國經濟學家寇斯（Ronald Coase）曾經闡釋，在一個開放市場上，企業在分配與管理資源方面能夠做得比獨立的個體更好。哈佛大學法學院教授班科勒（Yochai Benkler）在他撰寫的〈寇斯的企鵝，或Linux與企業的本質〉一文中指出，當Linux及維基百科之類協作計畫的成本降低時，讓人們分配自己於這類計畫，可以比由上而下指揮與架構的公司更有效創造資產與組織。班科勒稱此為「共同式同儕生產」。[14]這種資產負債表外、不引起注意的、未列入GDP裡的創造力爆炸愈來愈興盛，參與其中的每一個人既是生產者，也是消費者；既是工作者，也是經理人。在一個需要、也酬以關注、聲譽、人脈、學習、創造力與柔韌的世界，想獲得成功與快樂，你需要許多種貨幣，金錢只是其中一種。突然間，我們全都變成廣播員、出版者、或群眾煽動家。

現在，許多學科領域似乎以「瞬間」速度推進，各種發現互為基礎，以極快的速度衍生出更多的發現。但相比於私人部門，那就小巫見大巫了，過去十年間最有價值的新創事業Uber，一開始猶如酒吧裡的打賭遊戲，但僅僅六年後，估值已經達到625億美元，比赫茲租車（Hertz）及其他所有大型租車公司的合計總值還要高。不同於大多數市值比許多島國還要高的公司，Uber前幾年的員工數甚少，僅約千人，等同於賓州理海谷（Lehigh Valley）

的沃爾瑪配送中心員工數。

　　這一切是網際網路結合摩爾定律（第二項發展）的效應，把一些量的度量（速度、成本、規模）轉化為質的事實。當中國深圳的一小群工程師能夠以小成本及相當規模打造與遞送一種新產品時，這已經非只是量的變化而已了。這類企業不再仰賴銀行融資，對於幾年前可能曾經提供小額企業貸款給他們的銀行來說，這類企業不構成銀行的一種「新營收模式」。這類企業也已經能夠繞過那些束縛較大規模公司的法規，如今，銀行及政府被完全被排除於圈外。這是一種質的改變，不是量的改變。

　　接下來呢？你不知道？噢，我們也不知道，沒人能預測未來。事實上，專家和所謂的未來主義者曾經做出的一些預言，在最離譜的預言紀錄之列，比隨意猜測還要糟。

　　這很好，因為和不確定性維持健康關係就是運用本書這些法則的一項主題。過去幾年，不確定性已經挫了人類愛預測打賭的銳氣，但相比於我們前方的未來，這還不算什麼呢。舉例而言，成功的組織將不會在預測季營收時拿房子當賭注，他們知道，黑天鵝隨時可能出現；但也不會因此就完全不下注，他們選擇採用多樣資產組合策略，下小賭注於多種產品或市場或點子。

　　工業時代的特色是指揮與控管形式的管理制度、層級組織結構、側重以事實為根據；網路時代邏輯反映的是，這數十年間，我們美國人以及人類全體已經重新評估我們在這世界的地位。我們已經知道，我們無法指揮與控管天氣，事實上，就連我們自己

創造出來的複雜系統，我們也鮮能成功控管，不論是保護敏感的網路免於遭到攻擊，抑或是使用貨幣政策來影響市場。如果說本書提及的各領域研究人員、科學家、及思想家可能會一致同意什麼論點，那應該是這個：我們現在才學到足夠的教訓與啟示而能夠認知到，我們所知太少。現在回顧，很難相信，日後贏得諾貝爾物理學獎的麥克森（Albert Michelson）在1894年說：「絕大多數重要的基礎科學原理，可能都已經確立了。」[15]他似乎相信，剩下的，就只不過是在那些原理上發展一些旁枝細節了。三十年後，相對論就使這類言論變得荒唐傲慢。

　　世界現在處於根本性的結構改變，我們必須建立並強化調適能力，看到以往與我們的舊環境格格不入而被我們忽視的東西。我們正在歷經世界完全改變的時期，在我們有生之年，世界可能伴隨著人工智慧而再度完全改變。

　　人類本就善於適應，卻創造出一個強調生產力勝過適應力的社會。本書的九大法則將幫助我們做好準備，靈活扮演新角色，拋棄舊角色。當我們為求生存而捨去跑鞋、改搭噴射機時，若能承受住這場轉變的最初衝擊，就能發現窗外風景，正是我們心中憧憬。

誌謝

伊藤穰一的感謝

本書是傑夫與研究員埃佛斯（Chia Evers）多年辛苦的成果，沒有他們，就不會有這本書。本書產生自技巧、背景與觀點不同三人的通力合作，我相信，這種協作得出的最終稿本遠優於個別部分的總和。

1997年，我在東京一間咖啡館跟約翰·布洛克曼與其妻麥森（Katinka Matson）初次會面，他們說，我應該寫一本書，也將為我做代理工作，自那時起，約翰就是我的經紀人。十五年後，他們的兒子麥克斯（Max）介紹我認識他的合作者傑夫，並建議我們碰面，討論合著的可能性。感謝布洛克曼夫婦對我的信心，感謝麥克斯把我和傑夫湊在一起的高見。

非常感謝我們的編輯，大中央出版公司（Grand Central Publishing）葛雷琴·楊（Gretchen Young）寶貴的編輯意見，她與史托帕（Katherine Stopa）盡最大努力編輯此書。

感謝梅根・史密斯（Megan Smith）在從牛津往劍橋的一輛巴士上，詢問我是否有興趣成為MIT媒體實驗室的總監。

感謝尼葛洛龐帝這位傑出的導師，總是敦促我想得更宏遠。他堅持原則，持續反對漸進主義與平庸，造就出現在的媒體實驗室，為我樹立榜樣。

感謝媒體實驗室的教職員，他們拓展我的好奇心，也幫助我了解很多東西，增進我對學術圈的興趣。他們在發展本書介紹的法則方面扮演重要角色，在教職員的避靜會議與無數的電子郵件通信中辯論與討論這些法則。

從很多方面來說，過去五年間，媒體實驗室的學生與教職員已經變成我的延伸家庭，感謝的人太多，我無法在此逐一唱名。在此，我感謝他們全體，感謝他們無窮的創造力、活力與熱忱，感謝他們提供的無數協助，感謝他們總是挑戰我的思維。MIT的行政管理中心寬容並支持我的非傳統背景和媒體實驗室的非傳統方法，我尤其要感謝現任校長雷夫（Rafael Reif），他擔任教務長時，對我做出最後面談，並破格同意讓一位大學中輟生接掌媒體實驗室總監。感謝蘭格教授（Bob Langer）這位良師益友，幫助我航行於可愛、但有時複雜的MIT生態系統；還有教務長施密特（Marty Schmidt），執行副校長暨財務長魯茲（Israel Ruiz），院長薩吉斯（Hashim Sarkis），研究副校長祖柏（Maria Zuber）。

任何有關媒體實驗室的書，都得感謝幾個人。其一，已故的前MIT校長威斯納，他說服這所大學建立一個前所未見的部門；

其二，媒體實驗室的三位先驅：明斯基、派普特、庫柏，他們和威斯納與尼葛洛龐帝共同創造了媒體實驗室的原始DNA。

　　哈佛大學遺傳學家邱吉，為我們提供風趣且精闢的忠告與啟示，他不斷提醒我們：「如果你做的事有競爭者，那就不是有趣的事了。」霍夫曼是我思考任何事物的夥伴，在我思考媒體實驗室與這些法則時，提供源源不絕的鼓勵與支持。感謝約翰‧海格爾與約翰‧希利‧布朗合著《拉力，讓好事更靠近》提供的啟示。感謝我已故的教父、心理學家里利，他是個「表現哲學家」，教我如何有風格違逆，並且「自我思考，質疑權威」。感謝前美國總統歐巴馬幫助宣揚我倡導的「應用」觀念。

　　感謝幫助審閱與修改本書內容的許多人，包括：Seth Godin、J. J. Abrams、Walter Isaacson、Paola Antonelli、Vincenzo Iozzo、Jeremy Rubin、Ron Rivest、Scott E. Page、Mitch Resnick、Demis Hassabis、Sean Bonner、Colin Raney、Scott Hamilton、Ellen Hoffman、Natalie Saltiel等。

　　在本書撰寫的過程中，我的行政助理Mika Tanaka和前助理Heather deManbey幫助安排行程與工作流程；Chiaki Hayashi在東京幫我安排一切事務，提供不倦且積極的支持；Wes Neff幫忙安排我所有的演講行程；Mark Stoelting與他的團隊是世上最棒的旅行社，他們的專業歷經過我無數的考驗。

　　妹妹瑞子是我們家真正的學者，妹夫費雪（Scott Fisher）是我在媒體實驗室的初始人脈。父親是我生命中第一位科學家，已

故的母親把我帶到世上，支持我做自己、走自己的路。最後，也是最重要的，感謝太太瑞佳（Mizuka）在撰寫本書時提供的支持與愛，也感謝她容忍我的瘋狂生活。

郝傑夫的感謝

2012年春季某日，經紀人打電話問我是否有興趣跟人合寫一本書，一開始我回答：「不要。」當作家聚在一起講述關於衝突的故事時，其中最痛苦的就是共同創作。但出於好奇，我問：「另一位作者是誰？」經紀人回答：「伊藤穰一。」我說：「喔，那我可以！」

2003年，我在《連線》雜誌上撰寫過伊藤穰一的簡短素描，他是少數幫助網際網路歷經嬰兒期，引導並鞏固其朝向透明化與民主的人，他非常尊重奇特與怪異。更讓我欽佩的是，他總是能激發同事與朋友的投入與貢獻，如果《富比士》捨棄財務資本，改用社會資本做為評量指標的話，伊藤在榜上應該是名列前茅。四年後，我終於了解其中原因。伊藤具有擔任最頂尖研究實驗室領導人應該具備的所有特質，但這些還比不上他看待世界時那種具有感染力的歡愉與好奇。本書的撰寫工作經常遇挑戰與困難，感謝伊藤，這一路走來，充滿樂趣。

正如我們所說的，世事不無可能。如果人類真能找到長生不老的妙方，我仍然不會有足夠時間去回報我欠埃佛斯的，她對所

做的一切總是投以勤奮、智慧、沉著，她對本書的貢獻，遠如她的好奇心。本書真的是三種不同但互補的人通力合作下的產品。

　　真心感謝約翰‧布洛克曼建議伊藤與我合著一本書，也感謝麥克斯在本書撰寫過程中，在許多曲曲折折的時刻，提供無價的諮詢服務與擁護。

　　在一本書的最後感謝編輯，這是尋常慣例，但我們的大中央出版公司編輯團隊可以做證，本書編輯過程絕不尋常。感謝沃夫（Rick Wolf）買下本書，感謝米奇‧霍夫曼（Mitch Hoffman）的熱情鼓勵，最感謝葛雷琴滿懷信心看著這本書，直到完成。感謝波普（Kyle Pope），多年來，當我歷經最黑暗的時期，他在編輯與其他方面的智慧總是照亮並指引著我。感謝Katherine Stopa、Jeff Holt、Jimmy Franco、Andrew Duncan，以及大中央出版公司團隊裡的其他人。

　　MIT實驗室吸引當世一些最具原創頭腦的人才，其聲譽絕非浪得虛名，但本書受惠最多的是這個實驗室從創立開始就展現的人本主義精神。媒體實驗室裡的每個人都持續證明，應該以改善使用者生活的潛能來衡量科技的價值。瑞斯尼克對本書的影響超越了教育領域，姜松對社會正義的關心與投入程度媲美他的博學智識。媒體實驗室的人員、教職員與學生一再慷慨提供我最珍貴的資源：他們的時間。無限感謝Ellen Hoffman、Neri Oxman、Nadya Peek、Deb Roy、Jeremy Rubin、Stacie Slotnick、Philipp Schmidt、Jessica Sousa，與許多其他人，他們的足跡以

種種方式落腳於本書中。感謝奈特、佩吉，與媒體實驗室外的許多人士，他們花很多時間把非常複雜的概念，轉譯成連最愚鈍的新聞工作者都能理解的語言。

寫書有時是讓人不快的過程，投入其中的作者可能在生活的其他層面顯得自私、無情，需要來自朋友、家人與同事的支持。我非常感謝東北大學對我撰寫此書的支持，感謝那些非常讓我引以為傲的同事。這四年間發生了很多事，我可以毫不誇大的說，若非柏嘉德（Steve Burgard）在本書尚未完成一半之前聘用我在東北大學教授新聞學課程，這本書絕對無法完成。我也非常感謝我們的系主任考夫曼（Jonathan Kaufman）、我在媒體創新課程的同事克拉夫（Dina Kraft）與巴加克（Aleszu Bajak）。過程中，每一步都受惠於我的正式導師施羅德（Alan Schroeder），與非正式導師Mike Beaudet、Susan Conover、Chuck Fountain、Carlene Hempel、Dan Kennedy、Laurel Leff、Gladys and Link McKie、John Wihbey等人提供的明智意見與慷慨鼓勵。

回顧過去幾年，我看到許多腳印，但其中鮮少是我自己的。衷感謝我的朋友圈，在光線漸弱、我的意志漸消時，這些朋友的慈悲與才智支持著我，感謝Martha Bebinger、Harlan Bosmajian、Gary Knight、Andrea Meyer、Valerie Stivers、Fiona Turner、Pat Whalen，沒有你們，我可能在本書尚未抵達終點線前的某處虛脫崩潰了。同樣的，Dircelene Rodriguez在過去六年間持續關愛我的家庭，這些關愛是一切得以建立的基礎。

如果說本書展現了對學習的熱愛，並把這份愛傳遞給他人，這都得感謝我的父親羅伯（Robert Howe），他的漫長職涯投入於此。如果說本書展現了對人性的根本信心，這都得感謝我的母親愛爾瑪（Alma），她在本書完成前離世，但在此前，她已經深深影響本書的每一位作者。如果說本書的構造展現了任何藝術，這都得感謝我的妹妹珍妮（Jeanine），她把生命貢獻給她的學生，幫助他們想像與相信人生。

最大的感謝獻給我那心胸無比寬大的女兒安娜貝爾、淘氣的兒子芬恩，以及我那美麗能幹的太太愛麗西雅（Alysia Abbott），家中有個寫書的作家真的很不幸，更遑論有個以作家為業的人。為一項重要計畫而犧牲個人福祉，那是一回事，為此而犧牲家人福祉，那就近乎沒良心了。我無法在英語這種語言裡找到合適的語詞，來表達我有多麼感激我家人所展現的耐心、寬容，與無比的幽默。

本書至少有一部分，用以紀念梅爾菲（John Melfi）。兄弟，我們在寧法納（Nymphana）見吧！那裡總是能釣到許多魚。

注釋

前言

1　Emmanuelle Toulet, *Birth of the Motion Picture*, (New York: Harry N. Abrams, 1995), 21.

2　盧米耶兄弟雇用知名畫匠布里斯帕（Henri Brispot）繪製片中場景，此為世上第一幅電影海報。

3　Martin Loiperdinger and Bernd Elzer, "Lumière's Arrival of the Train: Cinema's Founding Myth," *The Moving Image* 4, no. 1 (2004): 89-118, doi:10.1353/mov.2004.0014.

4　Daniel Walker Howe, *What Hath God Wrought*, (Oxford: Oxford University Press, 2007), 7.

5　David L. Morton, Jr. *Sound Recording: The Life Story of a Technology* (Baltimore: Johns Hopkins University Press, 2006), 38-39.

6　Paul A. David, "The Dynamo and the Computer, an Historical Perspective on the Modern Productivity Paradox." *American Economic Review*, 80, no. 2 (1990): 355-361.

7　Ashley Lutz, "20 Predictions from Smart People That Were Completely Wrong," *Business Insider*, May 2, 2012, http://www.businessinsider.com/false-predictons-2012-5?op=1#ixzz3QikI1PWu.

8　David Lieberman, "CEO Forum: Microsoft's Ballmer Having a 'Great Time,'" *USA Today*, April 30, 2007, http://usatoday30.usatoday.com/money/companies/management/2007-04-29-ballmer-ceo-forum-usat_N.htm.

9　Michel Foucault, *The Archaeology of Knowledge* (New York: Pantheon, 1972).

10　Thomas S. Kuhn, *The Structure of Scientific Revolutions: 50ᵗʰ Anniversary Edition* (University of Chicago Press, 2012).

11　同上。

12　Daniel ³mihula, "The Waves of the Technological Innovations," *Studia Politica Slovaca*, issue 1 (2009): 32-47; Carlota Perez, *Technological Revolutions and Financial Capital: The Dynamics of Bubbles and Golden Ages* (Northampton, MA: Edward Elgar Publishing, 2002).

13　Frank J. Sonleitner, "The Origin of Species by Punctuated Equilibria," *Creation/Evolution Journal 7*, no. 1 (1987): 25-30.

14　Chris Mack, "The Multiple Lives of Moore's Law," *IEEE Spectrum* 52, no. 4 (April 1, 2015): 31-31, doi:10.1109/MSPEC.2015.7065415.

15　Janet Browne, *Charles Darwin: Voyaging* (New York: Knopf, 1995).

16　同 上。Janet Browne, *Charles Darwin: The Power of Place* (New York: Knopf, 1995); Adrian Desmond and James Moore, *Darwin* (London: Michael Joseph, 1991).

17　Dietrich Stoltzenberg, *Fritz Haber: Chemist, Nobel Laureate,*

German, Jew; A Biography (Philadelphia: Chemical Heritage Foundation, 2004).

18 Marc Goodman, *Future Crimes: Everything Is Connected, Everyone Is Vulnerable and What We Can Do About It* (New York: Doubleday, 2015).

19 Peter Hayes, *From Cooperation to Complicity: Degussa in the Third Reich* (New York: Cambridge University Press, 2007).

20 "Through Deaf Eyes," PBS, http://www.pbs.org/weta/ throughdeafeyes/deaflife/bell_nad.html.

21 我們必須在此注明，此則引述的真實性存疑。

22 Mark Cousins, *The Story of Film* (London: Pavilion, 2012), Kindle Edition, chapter 1: "Technical Thrill (1895-1903), The sensations of the first movies."

23 Richard Brody, "The Worst Thing About 'Birth of a Nation' Is How Good It Is," *New Yorker*, February 1, 2013, http://www. newyorker.com/culture/richard-brody/the-worst-thing-about-birth-of-a-nation-is-how-good-it-is.

24 這份「宇宙曆」源自已故天文學家暨普科作家薩根（Carl Sagan）作品《伊甸園的龍》（*The Dragons of Eden*, New York: Ballantine, 1977）。1980年他為公共電視網製作、主持的節目「宇宙：個人遊記」（*Cosmos: A Personal Voyage*），與2014年國家地理頻道製作、天文學家泰森（Neil DeGrasse Tyson）主持的科學紀錄片「宇宙大探索」（*Cosmos: A Spacetime Odyssey*），都曾提及並加以擴增。

25 John Hagel III, John Seely Brown, and Lang Davison, "The Big Shift: Measuring the Forces of Change," *Harvard Business Review*, July-August 2009, https://hbr.org/2009/07/the-big-

shift-measuring-the-forces-of-change.

26 ³mihula, "The Waves of the Technological Innovations"; Perez, *Technological Revolutions and Financial Capital*.

27 John Hagel III, John Seely Brown, and Lang Davison, "The New Reality: Constant Disruption," *Harvard Business Review*, January 17, 2009, https://hbr.org/2009/01/the-new-reality-constant-disru.html.

28 最近的一個例子，參見：Devlin Barrett, Danny Yadron, and Damian Paletta, "U.S. Suspects Hackers in China Breached About 4 Million People's Records, Officials Say," *Wall Street Journal*, June 5, 2015, http://www.wsj.com/articles/u-s-suspects-hackers-in-china-behind-government-data-breach-sources-say-1433451888。

29 James O'Shea, *The Deal from Hell: How Moguls and Wall Street Plundered Great American Newspapers* (New York: PublicAffairs, 2012).

30 Matt Levine, "Guy Trading at Home Caused the Flash Crash," *Bloomberg View*, April 21, 2015, http://www.bloombergview.com/articles/2015-04-21/guy-trading-at-home-caused-the-flash-crash.

31 Melanie Mitchell, *Complexity: A Guided Tour* (New York: Oxford University Press, 2009), 10.

32 同上，第176頁。

33 同上，第13頁。

34 引用仿紀錄片「搖滾萬萬歲」（*This Is Spinal Tap*）的著名片段。愚蠢的主吉他手奈基解釋，他的擴音器音量旋鈕刻度最大為11，高於傳統的10：「這樣，音量就大了一級，不是嗎？」

35 Quoted in Joichi Ito and Jeff Howe, "The Future: An Instruction Manual," *LinkedIn Pulse*, October 2, 2012, https://www.linkedin.com/pulse/20121002120301-1391-the-future-an-instruction-manual.

36 Nate Silver, *The Signal and the Noise: Why So Many Predictions Fail* (New York: Penguin, 2012); Louis Menand, "Everybody's an Expert," *New Yorker*, December 5, 2005, http://www.newyorker.com/magazine/2005/12/05/everybodys-an-expert; Stephen J. Dubner, "The Folly of Prediction," *Freakonomics* podcast, September 14, 2011, http://freakonomics.com/2011/09/14/new-freakonomics-radio-podcast-the-folly-of-prediction/.

37 National Council for Science and the Environment, *The Climate Solutions Consensus: What We Know and What to Do About It,* edited by David Blockstein and Leo Wiegman (Washington, D.C.: Island Press, 2012), 3.

38 *Oxford Advanced Learner's Dictionary,* http://www.oxforddictionaries.com/us/definition/learner/medium.

39 關於MIT媒體實驗室的募款模式、當前研究、歷史沿革，網站上有更詳盡的說明。參見：http://media.mit.edu/about/about-the-lab。

40 Olivia Vanni. "An Ex-Apple CEO on MIT, Marketing & Why We Can't Stop Talking About Steve Jobs," BostInno.com. April 8, 2016. http://bostinno.streetwise.co/2016/04/08/apples-steve-jobs-and-john-sculley-fight-over-ceo/.

41 截至2016年5月，MIT媒體實驗室曾進行以下生物學相關計畫：艾斯維特（Kevin Esvelt）的雕塑演化（Sculpting

Evolution）小組，研究基因驅動與生態工程；奧斯曼（Neri Oxman）的介導物質（Mediated Matter）小組，研究微流體（microfluidics）與3D生物列印；石井裕（Hiroshi Ishii）的可觸媒體（Tangible Media）小組，開發出一款微生物驅動的布料，能根據穿著者的體溫，以細菌開啟或關閉材料中的氣孔。

42　Malcolm Gladwell. "Creation Myth: Xerox PARC, Apple, and the Truth about Innovation." *New Yorker*, May 16, 2011, http://www.newyorker.com/magazine/2011/05/16/creation-myth.

法則一　群起勝過權威

1　Steven Johnson, *Emergence: The Connected Lives of Ants, Brains, Cities, and Software* (New York: Scribner, 2001), 64.

2　Balaji Prabhakar, Katherine N. Dektar, and Deborah M. Gordon, "The Regulation of Ant Colony Foraging Activity without Spatial Information," Edited by Iain D. Couzin, *PLoS Computational Biology* 8, no. 8 (August 23, 2012): e1002670. doi:10.1371/journal.pcbi.1002670. Also see Bjorn Carey, "Stanford Biologist and Computer Scientist Discover the 'Anternet,'" *Stanford Engineering: News and Updates*, August 24, 2012, http://engineering.stanford.edu/news/stanford-biologist-computer-scientist-discover-anternet .

3　F. A. Hayek, "The Use of Knowledge in Society," *American Economic Review* 35, no. 4 (1945): 519-30.

4　截至2015年11月15日，全球使用網際網路的人超過32億，占總人口40%。參見：http://www.internetlivestats.com/internet-users/。

5   Jim Giles, "Internet encyclopaedias go head to head," *Nature* 438 (December 15, 2005), 900-901.

6   Prabhakar, Dektar, and Gordon, "The Regulation of Ant Colony Foraging Activity without Spatial Information."

7   World Health Organization, "Tuberculosis: Fact Sheet No. 104," reviewed March 2016, http://www.who.int/mediacentre/factsheets/fs104/en/.

8   Thomas M. Daniel, "The History of Tuberculosis," *Respiratory Medicine* 100, issue 11 (November 2006): 1862-70, http://www.sciencedirect.com/science/article/pii/S095461110600401X.

9   Mark Nicas, William W. Nazaroff, and Alan Hubbard, "Toward Understanding the Risk of Secondary Airborne Infection: Emission of Respirable Pathogens," *Journal of Occupational and Environmental Hygiene* 2, no. 3 (2005): 143-54, doi:10.1080/15459620590918466, PMID15764538.

10 Centers for Disease Control and Prevention (CDC), "Tuberculosis Morbidity - United States, 1994," *Morbidity and Mortality Weekly Report* 44, no. 20 (May 26, 1995): 387-89, 395, http://www.ncbi.nlm.nih.gov/pubmed/7746263.

11 World Health Organization, "What Is Multidrug-Resistant Tuberculosis (MDR-TB) and How Do We Control It?" updated October 2015, http://www.who.int/features/qa/79/en/.

12 World Health Organization, "WHO's First Global Report on Antibiotic Resistance Reveals Serious, Worldwide Threat to Public Health," press release, April 30, 2014, http://www.who.int/mediacentre/news/releases/2014/amr-report/en/.

13 Team Bettancourt, "Fight Tuberculosis with Modern Weapons," http://2013.igem.org/Team:Paris_Bettencourt.

14 同上。

15 郝傑夫訪談內容。

16 本書接近完成時，柏克萊國家實驗室聯合生質能源研究所（JBEI）宣布，他們在使用生質與大腸桿菌生產商用生質燃料方面獲得重大進展。根據華盛頓大學《守恆》（*Conservation*）雜誌報導，這種新流程利用被改造過的大腸桿菌，不僅能夠抵抗用來分解植物材料的熔鹽，還能產生耐鹽的酵素。流程最終目的是以低成本的「一鍋合成法」產出生質燃料。JBEI燃料合成部門副總穆荷帕雅（Aindrila Mukhopadhyay）說：「可以將所有材料放在一起進行，然後就生產出燃料，這是邁向生質燃料經濟必要的一步。」參見：Prachi Patel, "Green Jet Fuel in One Easy Step." Conservation magazine, May 12, 2016, http://conservationmagazine.org/2016/05/green-jet-fuel-one-easy-step; Marijke Frederix, Florence Mingardon, Matthew Hu, Ning Sun, Todd Pray, Seema Singh, Blake A. Simmons, Jay D. Keasling, and Aindrila Mukhopadhyay, "Development of an E. Coli Strain for One-Pot Biofuel Production from Ionic Liquid Pretreated Cellulose and Switchgrass," Green Chemistry, 2016, doi:10.1039/C6GC00642F。

17 Nathaniel Rich, "The Mammoth Cometh," *New York Times Magazine*, February 27, 2014, http://www.nytimes.com/2014/03/02/magazine/the-mammoth-cometh.html.

18 郝傑夫訪談內容。

19 DIYBio, https://diybio.org/.

20 Ryan Mac, "Already Backed with Millions, Startups Turn to

Crowdfunding Platforms for the Marketing," *Forbes*, August 6, 2014, http://www.forbes.com/sites/ryanmac/2014/08/06/backed-with-millions-startups-turn-to-crowdfunding-for-marketing/#6cfda89c56a3.

21　關於「群眾外包」更詳細的討論，郝傑夫推薦其著作《玩家外包：社群改變遊戲規則》。

22　參見：Christina E. Shalley and Lucy L. Gilson, "What Leaders Need to Know: A Review of Social and Contextual Factors That Can Foster or Hinder Creativity," *Leadership Quarterly* 15, no. 1 (2004): 33-53, doi:10.1016/j.leaqua.2003.12.004。該文寫道：「研究人員辨識出一種核心性格特質，在各領域會讓個人比其他人更具創造力……這些特質包括：廣泛的興趣、獨立判斷力、自主、堅信自己具有創造力。除了性格特質，創意表現也需要一些相關技巧……有創意思考能力、能產生多種選擇、能擴散性思考，或是暫緩評斷。之所以需要這些技巧，是因為創造力需要一種認知感知風格，涉及蒐集與應用廣泛資訊、正確記憶、使用有效的思考方式，以及長時間深度專注的能力與傾向。當個人能夠取得廣泛選擇、解決方案或可能相關的概念時，他們更能做出有創意的聯想和連結。」這裡的節錄省略原文引述。

23　郝傑夫訪談內容。

24　Harold J. Morowitz, "The Understanding of Life: Defining Cellular Function at a Molecular Level and Complete Indexing of the Genome"，發表日期不明，可能為1984年，這是奈特提供的文獻。

25　James J. Collins, Timothy S. Gardner, and Charles R. Cantor, "Construction of a Genetic Toggle Switch in Escherichia Coli," *Nature* 403, no. 6767 (January 20, 2000): 339-42, doi:10.1038/35002131.

26 Michael B. Elowitz and Stanislas Leibler, "A Synthetic Oscillatory Network of Transcriptional Regulators," *Nature* 403, no. 6767 (January 20, 2000): 335-38, doi:10.1038/35002125.

27 Tom Knight, Randall Rettberg, Leon Chan, Drew Endy, Reshma Shetty, and Austin Che, "Idempotent Vector Design for the Standard Assembly of Biobricks," http://people.csail. mit.edu/tk/sa3.pdf.

28 郝傑夫訪談內容。

法則二　拉力勝過推力

1 "Nuclear Meltdown Disaster," *Nova* (PBS), season 42, episode 22.

2 Nassim Nicholas Taleb, *The Black Swan: The Impact of the Highly Improbable* (London: Penguin UK, 2008).

3 David Nakamura and Chico Harlan, "Japanese Nuclear Plant's Evaluators Cast Aside Threat of Tsunami," *Washington Post*, March 23, 2011, https://www.washingtonpost.com/world/ japanese-nuclear-plants-evaluators-cast-aside-threat-of- tsunami/2011/03/22/AB7Rf2KB_story.html.

4 Yuki Sawai, Yuichi Namegaya, Yukinobu Okamura, Kenji Satake, and Masanobu Shishikura, "Challenges of Anticipating the 2011 Tohoku Earthquake and Tsunami Using Coastal Geology," *Geophysical Research Letters* 39, no. 21 (November 2012), doi:10.1029/2012GL053692.

5 Gwyneth Zakaib. "US Government Advises Wider Evacuation

Radius around Crippled Nuclear Plant." *Nature News Blog*, March 16, 2011, http://blogs.nature.com/news/2011/03/us_residents_advised_to_evacua_1.html.

6　就任總監時，摩斯對MIT的學生報《科技》（*The Tech*）說：「從很多方面來看，媒體實驗室就像一家企業。」他認為實驗室應該進行對贊助企業有益的研究計畫，他說：「一方面是學術自由與各類研究，另一方面是贊助企業想看到的商業化研究，我們應該在兩者間取得平衡。在媒體實驗室，我們可能要比過去進一步幫贊助企業打造原型。」

7　該組織的官網為：http://www.safecast.org。

8　"Nuclear Fears Spark Rush for Radiation Detectors," *Agence France-Presse*, March 29, 2011.

9　他的綽號「bunnie」使用的是小寫「b」。

10　Andrew "bunnie" Huang, "Hacking the Xbox (An Introduction to Reverse Engineering)," n.d., http://hackingthexbox.com/.

11　關於Safecast的資訊，來自該組織公布的發展史，以及本書作者與該組織創辦人的談話內容。

12　這是經濟學家施穆勒（Jacob Schmookler）在1966年出版的著作《發明與經濟成長》（*Invention and Economic Growth*）中首創的概念。關於施穆勒的論述，參見：F. M. Scherer, "Demand-Pull and Technological Invention: Schmookler Revisited," *The Journal of Industrial Economics* 30, no. 3 (1982): 225-37, http://www.jstor.org/stable/2098216。

13　See https://aws.amazon.com/what-is-cloud-computing/.

14　David Weinberger. *Small Pieces Loosely Joined: A Unified Theory of the Web* (New York: Basic Books, 2003).

15　Dan Pink, "The Puzzle of Motivation," TED Talk, July 2009, https://www.ted.com/talks/dan_pink_on_motivation.

16 IETF, "Mission Statement," https://www.ietf.org/about/mission.html

17 截至2016年5月，包括本書作者郝傑夫任教的東北大學在內，有超過八十個機構與組織使用Experiment.com平台，為研究計畫募集資金。根據網站，透過該平台募集資金的研究計畫已經發表了二十篇科學文獻。參見：https://experiment.com/how-it-works。

18 郝傑夫訪談內容。

19 關於此案的更多資訊，包括法庭文件，參見："Rubin v. New Jersey (Tidbit)," Electronic Frontier Foundation (EFF), https://www.eff.org/cases/rubin-v-new-jersey-tidbit。

20 Satoshi Nakamoto, "Bitcoin: A Peer-to-Peer Electronic Cash System"，現在可以在比特幣基金會（Bitcoin Foundation）網站上取得這篇文章的PDF檔：https://bitcoin.org/bitcoin.pdf。

21 Erik Franco. "Inside the Chinese Bitcoin Mine That's Grossing $1.5M a Month," *Motherboard*, February 6, 2015, http://motherboard.vice.com/read/chinas-biggest-secret-bitcoin-mine?utm_source=motherboardyoutube.

22 Quoted in Maria Bustillos, "The Bitcoin Boom," *New Yorker*, April 1, 2013.

23 Joshua Davis. "The Crypto-Currency: Bitcoin and Its Mysterious Inventor." *The New Yorker*, October 10, 2011.

24 Ethan Zuckerman, "The Death of Tidbit and Why It Matters," *...My Heart's in Accra*, May 28, 2015, http://www.ethanzuckerman.com/blog/2015/05/28/the-death-of-tidbit-and-why-it-matters/.

25 John Hagel III, John Seely Brown, and Lang Davison, *The Power of Pull: How Small Moves, Smartly Made, Can Set Big Things in Motion*, (New York: Basic Books, 2012)

26 Mark S. Granovetter, "The Strength of Weak Ties," *American Journal of Sociology* 78, no. 6 (1973): 1360-80, http://www.jstor.org/stable/2776392.

27 Malcolm Gladwell, "Small Change: Why the Revolution Will Not Be Tweeted," *New Yorker*, October 4, 2010, http://www.newyorker.com/reporting/2010/10/04/101004fa_fact_gladwell?printable=true.

28 Yves-Alexandre de Montjoye et al., "The Strength of the Strongest Ties in Collaborative Problem Solving," *Scientific Reports* 4 (June 20, 2014), doi:10.1038/srep05277.

29 Doug McAdam, "Recruitment to High-Risk Activism: The Case of Freedom Summer," *American Journal of Sociology* 92, no. 1 (1986): 64-90, http://www.jstor.org/stable/2779717.

30 "2013 Everett M. Rogers Award Colloquium," YouTube, https://www.youtube.com/watch?v=9l9VYXKn6sg.

31 Ramesh Srinivasan and Adam Fish, "Internet Authorship: Social and Political Implications within Kyrgyzstan," *Journal of Computer-Mediated Communication* 14, no. 3 (April 1, 2009): 559-80, doi:10.1111/j.1083-6101.2009.01453.x.

32 Ethan Zuckerman, *Digital Cosmopolitans: Why We Think the Internet Connects Us, Why It Doesn't, and How to Rewire It* (W. W. Norton & Company, 2013).

33 跟本書前言引述吉布森的那句話一樣，這句話是否真的出自米德，無從確知。由米德於1944年創立，已在2009年時關閉的文

化研究所（Institute for Cultural Studies）說：「我們無法查證這句話最早在何時何地被引述⋯⋯我們相信，可能是某報紙報導隨興、非正式的說了什麼，就此流傳起來。不過，我們知道，她在專業工作中堅信這個想法，也經常在各種場合與談話中表達這種信念。」參見：http://www.interculturalstudies.org/faq.html。

34 Maria Popova, "Autonomy, Mastery, Purpose: The Science of What Motivates Us, Animated," *Brain Pickings*, http://www.brainpickings.org/index.php/2013/05/09/daniel-pink-drive-rsa-motivation/.

法則三　羅盤勝過地圖

1　郝傑夫訪談內容。

2　James Aley, "Wall Street's King Quant David Shaw's Secret Formulas Pile Up Money. Now He Wants a Piece of the Net," *Fortune*, 1996, 3-5, http://money.cnn.com/magazines/fortune/fortune_archive/1996/02/05/207353/index.htm.

3　Rob Copeland, "Two Sigma Readies New Global Equity Fund," *Institutional Investor Magazine*, November 1, 2011, http://www.institutionalinvestorsalpha.com/Article/2925681/News-Archive/Two-Sigma-readies-new-global-equity-fund-Magazine-Version.html

4　取自HFObserver於2014年的報導，該網站後來僅限會員進入，已不對外開放。

5　"Silk Pavillion Environment | CNC Deposited Silk Fiber & Silkworm Construction | MIT Media Lab," accessed May 24,

2016, http://matter.media.mit.edu/environments/details/silk-pavillion.

6   "CNSILK - CNC Fiber Deposition Shop-Bot Deposited Silk Fibers, MIT Media Lab," accessed May 24, 2016, http://matter.media.mit.edu/tools/details/cnsilk.

7   "The Year in Review," *Metropolis*, December 2013.

8   Programme for International Student Assessment (PISA), "PISA 2012 Results - OECD," http://www.oecd.org/pisa/keyfindings/pisa-2012-results.htm.

9   Paul E. Peterson et al., "Globally Challenged: Are U.S. Students Ready to Compete?" PEPG Report No. 11-03 (Cambridge, MA: Program on Education Policy and Governance, Harvard University), http://hanushek.stanford.edu/publications/globally-challenged-are-us-students-ready-compete.

10   Christina Clark Tuttle et al., "KIPP Middle Schools: Impacts on Achievement and Other Outcomes" (Washington, D.C.: Mathematica Policy Research, February 27, 2013), https://www.mathematica-mpr.com/our-publications-and-findings/publications/kipp-middle-schools-impacts-on-achievement-and-other-outcomes-full-report.

11   See "Standards in Your State | Common Core State Standards Initiative," accessed May 26, 2016, http://www.corestandards.org/standards-in-your-state/.

12   Anu Partanen, "What Americans Keep Ignoring About Finland's School Success," *Atlantic*, December 29, 2011, http://www.theatlantic.com/national/archive/2011/12/what-americans-keep-ignoring-about-Inlands-school-success/250564/.

13 郝傑夫訪談內容。

14 "The United States Standard Screw Threads," accessed May 26, 2016, https://www.asme.org/about-asme/who-we-are/engineering-history/landmarks/234-the-united-states-standard-screw-threads.

15 Tom Knight, "Idempotent Vector Design for Standard Assembly of Biobricks," *MIT Libraries*, 2003, 1-11, http://dspace.mit.edu/handle/1721.1/45138.

16 派特森的個人網站：http://www.thesmartpolitenerd.com/aboutme.html，連結已失效。

17 郝傑夫訪談內容。

18 Nicholas Wade, ed., *The New York Times Book of Genetics* (Guilford, CT: Lyons Press, 2002), 250.

19 Human National Human Genome Research Institute, "The Human Genome Project Completion: Frequently Asked Questions," https://www.genome.gov/11006943.

20 "MIT Independent Activities Period (IAP)," http://web.mit.edu/iap/.

21 "iGEM 2004 - The 2004 Synthetic Biology Competition - SBC04," http://2004.igem.org/index.cgi.

22 Anselm Levskaya et al., "Synthetic Biology: Engineering Escherichia Coli to See Light," *Nature* 438, no. 7067 (November 24, 2005): 441-42, doi:10.1038/nature04405.

23 iGEM, "Main Page - Registry of Standard Biological Parts," accessed May 26, 2016, http://parts.igem.org/Main_Page.

24 "Team:Paris Bettencourt/Acceptance - 2015.igem.org," accessed May 26, 2016, http://2015.igem.org/Team:Paris_Bettencourt/

Acceptance.

25 "Team:NYMU-Taipei - 2013.igem.org," accessed May 26, 2016, http://2013.igem.org/Team:NYMU-Taipei.

26 "Team:EPF Lausanne/Perspectives - 2013.igem.org," accessed May 26, 2016, http://2013.igem.org/Team:EPF_Lausanne/Perspectives.

27 尼葛洛龐帝說，他在媒體實驗室原址四樓的一面壁鐘上看到這句話；布蘭德（Steward Brand）在敘述MIT實驗室的著作中寫入這句話，座右銘於此誕生。參見：Joichi Ito, "Deploy: How the Media Lab's 'Demo or Die' Evolved to 'Deploy,'" *PubPub*, January 31, 2016, http://www.pubpub.org/pub/deploy。

28 同上。

29 Stacie Slotnick, "In memory: Seymour Papert," Jan 20, 2017, https://www.media.mit.edu/posts/in-memory-seymour-papert/.

30 Seymour Papert, "Papert on Piaget," March 29, 1999, http://www.papert.org/articles/Papertonpiaget.html. Originally published in *Time* magazine's *The Century's Greatest Minds*, March 29, 1999.

31 Seymour A. Papert, *Mindstorms: Children, Computers, And Powerful Ideas* (New York: Basic Books, 1993).

32 同上，第xvi頁。

33 Eric Hintz, "Remembering Apple's '1984' Super Bowl Ad," *National Museum of American History*, January 22, 2014, http://americanhistory.si.edu/blog/2014/01/remembering-apples-1984-super-bowl-ad.html.

34 來自瑞斯尼克的訪談內容。

35 "About our story," *Scratch Foundation*, https://www. scratchfoundation.org/our-story/.

法則四　冒險勝過避險

1 現在蘋果商店的數目當然更多。本文撰寫之際，全球已有超過四百間蘋果商店。參見："Apple Retail Store - Store List," Apple, http://www.apple.com/retail/storelist/。

2 郝傑夫於2012年4月3日訪談凱西的內容。

3 此後，胡念君從硬體領域轉向只專注於軟體面。參見：Lyndsey Gilpin, "Julia Hu: Lark Founder. Digital Health Maven. Hip-Hop Dancer," *TechRepublic*, July 27, 2015, http://www. techrepublic.com/article/julia-hu-lark-founder-digital-health-maven-hip-hop-dancer/。

4 預估到了2020年，一年總值將達三兆美元。參見：Michael De Waal-Montgomery, "China and India Driving $3T Consumer Electronics Boom, Smart Home Devices Growing Fastest," *VentureBeat*, n.d., http://venturebeat.com/2015/11/05/china-and-india-driving-3t-consumer-electronics-boom-smart-home-devices-growing-fastest/。

5 Steven Levy, "Google's Larry Page on Why Moon Shots Matter," *WIRED*, January 17, 2013, http://www.wired.com/2013/01/ff-qa-larry-page/.

6 David Rowan, "Chinese Pirates Are Tech's New Innovators," *Wired UK*, June 1, 2010.

7 David Barboza, "In China, Knockoff Cellphones Are a Hit," *New York Times*, April 27, 2009, http://www.nytimes.

com/2009/04/28/technology/28cell.html.

8　Robert Neuwirth, "The Shadow Superpower," *Foreign Policy*, accessed May 29, 2016, https://foreignpolicy.com/2011/10/28/the-shadow-superpower/.

9　Douglas S. Robertson et al., "K-Pg Extinction: Reevaluation of the Heat-Fire Hypothesis," *Journal of Geophysical Research: Biogeosciences* 118, no. 1 (March 1, 2013): 329-36, doi:10.1002/jgrg.20018.

10　Bjorn Carey, "The Perils of Being Huge: Why Large Creatures Go Extinct," Live Science, July 18, 2006, http://www.livescience.com/4162-perils-huge-large-creatures-extinct.html.

11　"MLTalks: Bitcoin Developers Gavin Andresen, Cory Fields, and Wladimir van Der Laan" (MIT Media Lab, November 17, 2015), http://www.media.mit.edu/events/2015/11/17/mltalks-bitcoin-developers-gavin-andresen-cory-fields-and-wladimir-van-der-laan.

12　安德森的存取權限被撤銷的直接原因是，澳洲程式設計師萊特（Craig Wright）聲稱他就是中本聰，安德森在他的部落格文章中表示，他相信萊特就是中本聰，但其他核心開發者認為，這證明安德森已經被駭。參見：Maria Bustillos, "Craig Wright's 'Proof' He Invented Bitcoin Is the 'Canadian Girlfriend of Cryptographic Signatures'," *New York*, May 3, 2016, http://nymag.com/selectall/2016/05/craig-wright-s-proof-he-invented-bitcoin-is-basically-a-canadian-girlfriend.html。

13　"2009 Exchange Rate - New Liberty Standard," February 5, 2010, http://newlibertystandard.wikifoundry.com/page/2009+Exchange+Rate.

14　John Biggs, "Happy Bitcoin Pizza Day!," *TechCrunch*, May 22, 2015, http://social.techcrunch.com/2015/05/22/happy-bitcoin-pizza-day/.

15　Robert McMillan, "The Inside Story of Mt. Gox, Bitcoin's $460 Million Disaster," *WIRED*, March 3, 2014, http://www.wired.com/2014/03/bitcoin-exchange/.

16　Cade Metz, "The Rise and Fall of the World's Largest Bitcoin Exchange," *WIRED*, November 6, 2013, http://www.wired.com/2013/11/mtgox/.

17　同上。

18　AP, "Tokyo Court Starts Mt. Gox Bankruptcy Pro-ceedings - The Boston Globe," *BostonGlobe.com*, April 25, 2014, https://www.bostonglobe.com/business/2014/04/25/tokyo-court-starts-gox-bankruptcy-proceedings/1dcuC1YIYb1jJrd8ut8JjJ/story.html.

19　Metz, "The Rise and Fall of the World's Largest Bitcoin Exchange."

20　Jon Southurst, "Mt. Gox Files for Bankruptcy, Claims $63.6 Million Debt," *CoinDesk*, February 28, 2014, http://www.coindesk.com/mt-gox-files-bankruptcy-claims-63-6m-debt/.

21　"MtGox Finds 200,000 Missing Bitcoins in Old Wallet," *BBC News*, accessed May 29, 2016, http://www.bbc.com/news/technology-26677291.

22　Jon Southurst, "Missing Mt Gox Bitcoins Likely an Inside Job, Say Japanese Police," *CoinDesk*, January 1, 2015, http://www.coindesk.com/missing-mt-gox-bitcoins-inside-job-japanese-police/.

23 Tim Hornyak, "Police Blame Fraud for Most of Mt. Gox's Missing Bitcoins," *Computerworld*, December 31, 2014, http://www.computerworld.com/article/2863167/police-blame-fraud-for-most-of-mt-goxs-missing-bitcoins.html.

24 "MtGox Bitcoin Chief Mark Karpeles Charged in Japan," *BBC News*, September 11, 2015, http://www.bbc.com/news/business-34217495.

25 Adrian Chen, "The Underground Website Where You Can Buy Any Drug Imaginable," *Gawker*, June 1, 2011, http://gawker.com/the-underground-website-where-you-can-buy-any-drug-imag-30818160.

26 Sarah Jeong, "The DHS Agent Who Inīltrated Silk Road to Take Down Its Kingpin," *Forbes*, January 14, 2015, http://www.forbes.com/sites/sarahjeong/2015/01/14/the-dhs-agent-who-inīltrated-silk-road-to-take-down-its-kingpin/#6250111369dd.

27 Andy Greenberg, "Silk Road Mastermind Ross Ulbricht Convicted of All 7 Charges," *WIRED*, February 4, 2015, https://www.wired.com/2015/02/silk-road-ross-ulbricht-verdict/.

28 Riley Snyder, "California Investor Wins Federal Government's Bitcoin Auction," *Los Angeles Times*, July 2, 2014, http://www.latimes.com/business/technology/la-fi-tn-bitcoin-auction-20140702-story.html.

29 John Biggs, "US Marshals to Sell 44,000 BTC at Auction in November," *TechCrunch*, October 5, 2015, http://social.techcrunch.com/2015/10/05/us-marshals-to-sell-44000-btc-at-auction-in-november/.

30 "FAQ - Bitcoin," Bitcoin.org, accessed May 29, 2016, https://

bitcoin.org/en/faq.

31 Eric Hughes, "A Cypherpunk's Manifesto," *Electronic Frontier Foundation*, March 9, 1993, https://w2.eff.org/Privacy/Crypto/Crypto_misc/cypherpunk.manifesto.

32 Joichi Ito, "Shenzhen Trip Report - Visiting the World's Manufacturing Ecosystem," *Joi Ito's Web*, September 1, 2014, http://joi.ito.com/weblog/2014/09/01/shenzhen-trip-r.html.

33 "Phantom Series - Intelligent Drones," *DJI*, http://www.dji.com/products/phantom.

34 "The World's First and Largest Hardware Accelerator," *HAX*, https://hax.co/.

法則五　違逆勝過服從

1 David A. Hounshell and John Kenly Smith, *Science and Corporate Strategy: Du Pont R and D, 1902-1980* (Cambridge University Press, 1988).

2 Pap Ndiaye, *Nylon and Bombs: DuPont and the March of Modern America* (Baltimore: JHU Press, 2007).

3 Hounshell and Smith, *Science and Corporate Strategy*.

4 同上。

5 Gerard Colby, *Du Pont: Behind the Nylon Curtain* (Englewood Cliffs, NJ: Prentice-Hall [1974], 1974).

6 Hounshell and Smith, *Science and Corporate Strategy*.

7 "Wallace Carothers and the Development of Nylon: National Historic Chemical Landmark," *American Chemical Society*, n.d., http://www.acs.org/content/acs/en/education/

whatischemistry/landmarks/carotherspolymers.html.

8 Thomas S. Kuhn, *The Structure of Scientific Revolutions: 50th Anniversary Edition*, (University of Chicago Press, 2012).

9 Zachary Crockett, "The Man Who Invented Scotch Tape," *Priceonomics*, December 30, 2014, http://priceonomics.com/the-man-who-invented-scotch-tape/.

10 Tim Donnelly, "9 Brilliant Inventions Made by Mistake," *Inc.com*, August 15, 2012, http://www.inc.com/tim-donnelly/brilliant-failures/9-inventions-made-by-mistake.html.

11 David R. Marsh et al., "The Power of Positive Deviance," *BMJ* 329, no. 7475 (November 11, 2004): 1177-79, doi:10.1136/bmj.329.7475.1177.

12 Tina Rosenberg, "When Deviants Do Good," *New York Times*, February 27, 2013, http://opinionator.blogs.nytimes.com/2013/02/27/when-deviants-do-good/.

13 David Dorsey, "Positive Deviant," *Fast Company*, November 30, 2000, http://www.fastcompany.com/42075/positive-deviant.

14 "Austin Hill - Venture Partner @ Montreal Start Up," *CrunchBase*, accessed May 30, 2016, https://www.crunchbase.com/person/austin-hill#/entity.

15 Mathew Ingram, "Austin Hill, Internet Freedom Fighter," *The Globe and Mail*, October 4, 1999.

16 Joseph Czikk, "'A Straight Out Scam': Montreal Angel Austin Hill Recounts First Business at FailCampMTL," *Betakit*, February 25, 2014, http://www.betakit.com/montreal-angel-austin-hill-failed-spectacularly-before-later-success/.

17 Konrad Yakabuski, "Future Tech: On Guard," *Globe and Mail*,

August 25, 2000, sec. Metro.

18　David Kalish, "Privacy Software Reason for Concern," *Austin American-Statesman*, December 14, 1999.

19　「囚徒困境」（prisoner's dilemma）這個博奕理論是美國智庫蘭德公司（RAND Corporation）數學家弗勒德（Merrill Flood）和德雷希爾（Melvin Dresher）於1950年發展出來的，經普林斯頓大學數學家塔克（Albert W. Tucker）以囚犯刑期賽局來架構，並命名為「囚徒困境」。內容描述兩個參與者必須在彼此不能商量的情況下做出決策，但雙方都知道，結果將部分取決於對方的決策。其經典案例是，兩名囚犯獲得認罪的機會，如果只有其中一方認罪，認罪的人就能獲釋，另一方將被判刑十年；如果雙方皆保持沈默，兩人都將被判刑半年；如果雙方皆認罪，兩人都將被判刑五年。最有利的選擇是雙方都保持沈默，但最常見的選擇是認罪，因為兩人都不想冒險。萬一對方認罪而自己沈默，對方將獲釋，自己則將入獄且服較重的刑期。各種變化版本的「囚徒困境」常被用來探索經濟與道德問題。參見："Prisoner's Dilemma," *Stanford Encyclopedia of Philosophy*, revised August 29, 2014, http://plato.stanford.edu/entries/prisoner-dilemma/。

20　Austin Hill, "On Your Permanent Record: Anonymity, Pseudonymity, Ephemerality & Bears Omfg!," *Medium*, March 17, 2014, https://medium.com/@austinhill/on-your-permanent-record-f5ab81f9f654#.ak8ith7gu.

21　Felix Martin, *Money: The Unauthorized Biography* (New York: Knopf Doubleday Publishing Group, 2015).

22　同上，第43頁。

23　同上，第55-60頁。

24　Simon Singh, *The Code Book: The Science of Secrecy from Ancient*

Egypt to Quantum Cryptography (New York: Knopf Doubleday Publishing Group, 2011). Kindle Edition, chapter 1: "The Cipher of Mary, Queen of Scots."

25 同上。

26 Pierre Berloquin, *Hidden Codes & Grand Designs: Secret Languages from Ancient Times to Modern Day* (New York: Sterling Publishing Company, Inc., 2008).

27 Singh, *The Code Book*.

28 同上。

29 Singh, *The Code Book*, chapter 2: "Le Chiffre Indéchiffrable"; Richard A. Mollin, *An Introduction to Cryptography* (Boca Raton, FL: CRC Press, 2000).

30 Singh, *The Code Book*.

31 Singh, *The Code Book*, chapter 6: "Alice and Bob Go Public."

32 C. E. Shannon, "A Mathematical Theory of Communication," *SIGMOBILE Moble Computing Communications Review* 5, no. 1 (January 2001): 3-55, doi:10.1145/ 584091.584093.

33 C. E. Shannon, "Communication Theory of Secrecy Systems," *Bell System Technical Journal* 28, no. 4 (October 1, 1949): 656-715, doi:10.1002/j.1538-7305.1949.tb00928.x.

34 B. Jack Copeland, *Colossus: The Secrets of Bletchley Park's Code-Breaking Computers* (OUP Oxford, 2006).

35 Russell Kay, "Random Numbers," April 1, 2002.

36 Singh, *The Code Book*.

37 David R. Lide, ed., *A Century of Excellence in Measurements, Standards, and Technology: A Chronicle of Selected NIST Publications 1901-2000*, NIST Special Publication 958 (Washington, D.C.:

U.S. Department of Commerce, National Institute of Standards and Technology, 2001).

38　W. Diffe and M. Hellman, "New Directions in Cryptography," *IEEE Transactions in Information Theory* 22, no. 6 (November 1976): 644-54, doi:10.1109/TIT.1976.1055638.

39　Steven Levy, "Battle of the Clipper Chip," *New York Times Magazine*, June 12, 1994, http://www.nytimes.com/1994/06/12/magazine/battle-of-the-clipper-chip.html.

40　R. L. Rivest, A. Shamir, and L. Adleman, "A Method for Obtaining Digital Signatures and Public-Key Cryptosystems," *Communications of the ACM* 21, no. 2 (February 1978): 120-26, doi:10.1145/359340.359342.

41　AP, "Firm Shuts Down Privacy Feature," *Calgary Herald*, October 9, 2001.

42　CCNMatthews (Canada), "Radialpoint CEO a Finalist for Ernst & Young Entrepreneur of the Year Awards," *MarketWired*, July 29, 2005.

43　Roberto Rocha, "What Goes Around Comes Around; Montreal-Based Akoha.com Encourages Acts of Kindness by Turning Altruism into a Game," *Gazette*, July 14, 2009.

44　The Akoha Team, "Akoha Shutting Down August 15 2011," *Akoha Blog*, August 2, 2011, https://akoha.wordpress.com/2011/08/02/akoha-shutting-down-august-15-2011/.

45　Michael J. Casey, "Linked-In, Sun Microsystems Founders Lead Big Bet on Bitcoin Innovation," *Moneybeat* blog, *Wall Street Journal*, November 17, 2014, http://blogs.wsj.com/moneybeat/2014/11/17/linked-in-sun-microsystems-founderslead-big-bet-on-bitcoin-innovation/.

46 "Enabling Blockchain Innovations with Pegged Sidechains," *r/Bitcoin*, Reddit, http://www.reddit.com/r/Bitcoin/comments/2k070h/enabling_blockchain_innovations_with_pegged/clhak9c.

47 Timothy Leary, "The Cyber-Punk: The Individual as Reality Pilot," *Mississippi Review* 16, no. 2/3 (1988).

48 T.F. Peterson, *Nightwork* (Cambridge, MA.: The MIT Press, 2011), https://mitpress.mit.edu/books/nightwork.

49 關於人類微生物群（包含腸道微生物）的科學雖仍在演進中，但有趣的證據顯示，這些細菌不僅明顯影響我們的健康，也影響我們的行為。相關研究案例參見：Charles Schmidt, "Mental Health: Thinking from the Gut," *Nature* 518, no. 7540 (February 26, 2015): S12-15, doi:10. 1038/518S13a.; Peter Andrey Smith, "Can the Bacteria in Your Gut Explain Your Mood?," *The New York Times*, June 23, 2015, http://www.nytimes.com/2015/06/28/magazine/can-the-bacteria-in-your-gut-explain-your-mood.html.; and David Kohn, "When Gut Bacteria Changes Brain Function," *The Atlantic*, June 24, 2015, http://www.theatlantic.com/health/archive/2015/06/gut-bacteria-on-the-brain/395918/。

法則六　實行勝過理論

1 據說這句話出自貝拉，但真實性存疑。

2 此處的細節內容，來自本書作者於2014年1月造訪Q2L的觀察與訪談。

3　*Quest to Learn (Q2L) - Middle School and High School*, http:// www.q2l.org/.

4　Pap Ndiaye, *Nylon and Bombs*, DuPont and the March of Modern America (Baltimore: Johns Hopkins University Press, 2006), 164.

5　Jessica Guynn, "Google Gives Employees 20% Time to Work on Diversity," *USA TODAY*, May 14, 2015, http://www. usatoday.com/story/tech/2015/05/13/google-twenty-percent-time-diversity/27208475/.

6　此處的細節內容，來自本書作者於2013年12月造訪兩西投資公司。

7　Dave Winer, "Why You Should Learn to Code," *Scripting News*, February 27, 2013, http://threads2.scripting.com/2013/february/whyyoushouldlearntocode.

8　參見：Diana Franklin et al., "Assessment of Computer Science Learning in a Scratch-Based Outreach Program," in *Proceeding of the 44th ACM Technical Symposium on Computer Science Education*, SIGCSE '13 (New York, NY, USA: ACM, 2013), 371-76, doi:10.1145/2445196.2445304.; and Shuchi Grover and Roy Pea, "Computational Thinking in K-12: A Review of the State of the Field," *Educational Researcher* 42, no. 1 (January 1, 2013): 38-43, doi:10.3102/0013189X12463051。

9　郝傑夫於2014年4月19日訪談詹姆斯・季的內容。

10　Tim Mansel, "How Estonia Became E-Stonia," *BBC News*, May 16, 2013, http://www.bbc.com/news/business-22317297.

11　Stuart Dredge, "Coding at School: A Parent's Guide to England's New Computing Curriculum," *Guardian*, September

4, 2014, http://www.theguardian.com/technology/2014/
sep/04/coding-school-computing-children-programming.

12 Michael Barber et al., "The New Opportunity to Lead: A Vision for Education in Massachusetts in the Next 20 Years" (Massachusetts Business Alliance for Education, 2014), http://www.mbae.org/wp-content/uploads/2014/03/New-Opportunity-To-Lead.pdf.

13 郝傑夫於2014年1月29日訪談里茲夫的內容。

14 John Dewey, *Interest and Effort in Education* (New York: Houghton Miflin, 1913), referenced in Mizuko Ito, "Seamless and Connected - Education in the Digital Age," *HFRP - Harvard Family Research Project*, April 24, 2014, http://www.hfrp.org/publications-resources/browse-our-publications/seamless-and-connected-education-in-the-digital-age.

15 關於該領域近期的研究概觀，參見：Andrea Kuszewski, "The Educational Value of Creative Disobedience," *Scientific American Blog Network*, July 7, 2011, http://blogs.scientificamerican.com/guest-blog/the-educational-value-of-creative-disobedience/; and Mizuko Ito et al., "Connected Learning: An Agenda for Research and Design" (Digital Media and Learning Research Hub, December 31, 2012), http://dmlhub.net/publications/connected-learning-agenda-for-research-and-design/。

16 2014年春，媒體實驗室於舉行的會員活動上，伊藤穰一、瑞子與瑞斯尼克對這些議題有長而廣泛的討論，有興趣的讀者可以在線上觀看這段討論影片：*Spring 2014 Member Event: Learning over Education* (MIT Media Lab, 2014), http://www.media.mit.edu/video/view/spring14-2014-04-23-3。

17 Tania Lombronzo, "'Cheating' Can Be an Effective Learning Strategy," NPR, May 30, 2013, http://www.npr.org/sectio ns/13.7/2013/05/20/185131239/cheating-can-be-an-effective-learning-strategy; Peter Nonacs, "Why I Let My Students Cheat on Their Exam," *Zócalo Public Square*, April 15, 2013, http://www.zocalopublicsquare.org/2013/04/15/why-i-let-my-students-cheat-on-the-final/ideas/nexus/.

18 品克對該主題有詳細探討，參見：Daniel H. Pink, *Drive: The Surprising Truth About What Motivates Us* (Penguin, 2011); Dan Pink, "The Puzzle of Motivation," 2009, https://www.ted.com/talks/dan_pink_on_motivation。

19 Maria Popova, "Autonomy, Mastery, Purpose: The Science of What Motivates Us, Animated," *Brain Pickings*, http://www.brainpickings.org/index.php/2013/05/09/daniel-pink-drive-rsa-motivation/.

20 Faith Wallis, *Medieval Medicine: A Reader* (University of Toronto Press, 2010).

法則七　通才勝過專才

1 Firas Khatib et al., "Critical Structure of a Monometric Retroviral Protease Solved by Folding Game Players," *Nature Structural and Molecular Biology* 18 (2011): 1175-77, http://www.nature.com/nsmb/journal/v18/n10/full/nsmb.2119.html; "Mason Pfizer Monkey Virus," *Microbe Wiki*, http://microbewiki.kenyon.edu/index.php/Mason_pfizer_monkey_virus.

2 "Solve Puzzles for Science," *Foldit*, accessed June 1, 2016,

http://fold.it/portal/.

3 Ewan Callaway, "Video Gamers Take on Protein Modellers," *Nature Newsblog*, accessed June 1, 2016, http://blogs.nature.com/news/2011/09/tk.html.

4 "Welcome to Eterna!," http://eterna.cmu.edu/eterna_page.php?page=me_tab.

5 這段內容，包含引述帕波維奇與崔里的談話，最早刊登於《石板》（*Slate*）雜誌。參見：Jeff Howe, "The Crowdsourcing of Talent," *Slate*, February 27, 2012, http://www.slate.com/articles/technology/future_tense/2012/02/foldit_crowdsourcing_and_labor_.html。

6 Jeff Howe, "The Rise of Crowdsourcing," *WIRED*, June 1, 2006, http://www.wired.com/2006/06/crowds/.

7 Todd Wasserman, "Oxford English Dictionary Adds 'Crowdsourcing,' 'Big Data,'" *Mashable*, June 13, 2013, http://mashable.com/2013/06/13/dictionary-new-words-2013/.

8 "Longitude Found: John Harrison," *Royal Museums Greenwich*, October 7, 2015, http://www.rmg.co.uk/discover/explore/longitude-found-john-harrison.

9 Michael Franklin, "A Globalised Solver Network to Meet the Challenges of the 21st Century," *InnoCentive Blog*, April 15, 2016, http://blog.innocentive.com/2016/04/15/globalised-solver-network-meet-challenges-21st-century/.

10 Karim R. Lakhani et al., "The Value of Openess in Scientific Problem Solving" (Cambridge, MA: Harvard Business School, January 2007), http://hbswk.hbs.edu/item/the-value-of-openness-in-scientific-problem-solving.

11 Scott E. Page, *The Difference: How the Power of Diversity Creates Better Groups, Firms, Schools, and Societies* (Princeton, NJ: Princeton University Press, 2008).

12 Katherine W. Phillips, "How Diversity Makes Us Smarter," *Scientific American*, October 1, 2014. https://www.scientificamerican.com/article/how-diversity-makes-us-smarter/.

13 Kerwin Charles and Ming-Ching Luoh, "Male Incarceration, the Marriage Market, and Female Outcomes," *The Review of Economics and Statistics*, 92, no. 3 (2010); 614-627.

14 四年後，仍有5%的德國人贊成種族迫害，但只有26%的人願意表達不贊成，遠低於1938年時的63%。參見：Sarah Ann Gordon, *Hitler, Germans, and the "Jewish Question"* (Princeton, NJ: Princeton University Press, 1984), 262-63。

15 Obergefell v. Hodges, 135 S. Ct. 2071 (Supreme Court of the United States 2015).

16 出自美國新聞編輯協會（ASNE）每年發布新聞編輯部的多樣性調查。關於媒體多樣性與大衰退間的關係，參見以下這篇優異的分析：Riva Gold's Atlantic magazine article, "Newsroom Diversity: A Casualty of Journalism's Financial Crisis." (July 2013) http://www.theatlantic.com/national/archive/2013/07/newsroom-diversity-a-casualty-of-journalisms-financial-crisis/277622/。

法則八　柔韌勝過剛強

1 "YouTube - Broadcast Yourself.," *Internet Archive Wayback*

Machine, April 28, 2005, https://web.archive.org/web/20050428014715/http://www.youtube.com/.

2　Jim Hopkins, "Surprise! There's a Third YouTube Co-Founder," *USA Today*, October 11, 2006, http://usatoday30.usatoday.com/tech/news/2006-10-11-youtube-karim_x.htm.

3　Amy-Mae Elliott, "10 Fascinating YouTube Facts That May Surprise You," *Mashable*, February 19, 2011, http://mashable.com/2011/02/19/youtube-facts/.

4　Keith Epstein, "The Fall of the House of Schrader," *Keith Epstein. Investigation | Communication | Insight*, April 23, 2001, http://www.kepstein.com/2001/04/23/the-fall-of-the-house-of-schrader/.

5　Ellen McCarthy, "After the Glamour, a Modest Return," *Washington Post*, July 18, 2005, sec. Business, http://www.washingtonpost.com/wp-dyn/content/article/2005/07/17/AR2005071700718.html.

6　雖然，並非所有人都認同以免疫系統方法來應付網路安全的可行性，但過去幾年，逐漸成為主流論點。參見：Nicole Eagan, "What the Human Body Teaches Us about Cyber Security," *World Economic Forum*, August 20, 2015, https://www.weforum.org/agenda/2015/08/good-immune-system-wards-off-cyber-threats/; Shelly Fan, "How Artificial Immune Systems May Be the Future of Cybersecurity," *Singularity HUB*, December 27, 2015, http://singularityhub.com/2015/12/27/cyberimmunity-ai-based-artificial-immune-systems-may-be-cybersecurity-of-the-future/。

7　辛格（Simon Singh）在著作《碼書》（The Code Book）中舉了

　　一個例子：愛麗絲和鮑伯分別有一桶黃色塗料，愛麗絲往她的塗料桶裡加入一公升的紫色塗料，鮑伯則是在他的塗料桶裡加入一公升的紅色塗料。然後，他們互換塗料桶，愛麗絲往鮑伯的塗料桶裡再加入一公升的紫色塗料，鮑伯往愛麗絲的塗料桶裡再加入一公升的紅色塗料。接著，他們各自有一桶變成深棕色的塗料，但伊芙（竊聽者）縱使有他們使用的種種塗料，也無法複製出相同的顏色。當然，伊芙可以把顏色資訊輸入電腦裡，讓電腦運算出可能的組合。但是，試想，如果桶子裡的塗料不是三種顏色混合成的，而是一百萬種、十億種，或一百兆種顏色混合成的，就算是最強大的處理器，要分離出個別顏色，花費的時間可能比太陽燃燒殆盡還要久。參見：Singh, Kindle edition, chapter 6: "Alice and Bob Go Public."

8　雖然，一般認為里維斯特、夏米爾與愛德曼三人發展出第一種實際可用的非對稱式密碼，但當時沒人知道，英國政府通信總部（GCHQ）的密碼學家艾利斯（James Ellis）、考克斯（Clifford Cocks）與威廉森（Malcolm Williamson）其實已經發展出一種很相似的方法，但他們的這項研究成果被列為機密，直到1997年才公開，因此並未顯著影響公鑰加密技術的發展。參見上注。

9　Amy Thomson and Cornelius Rahn, "Russian Hackers Threaten Power Companies, Researchers Say," *Bloomberg News*, July 1, 2014, http://www.bloomberg.com/news/articles/2014-06-30/symantec-warns-energetic-bear-hackers-threaten-energy-firms.

10　Martin Giles, "Defending the Digital Frontier," *Economist*, July 12, 2014, http://www.economist.com/news/special-report/21606416-companies-markets-and-countries-are-increasingly-under-attack-cyber-criminals.

11 Stephanie Forrest, Steven Hofmeyr, and Benjamin Edwards, "The Complex Science of Cyber Defense." *Harvard Business Review,* June 24, 2013, https://hbr.org/2013/06/embrace-the-complexity-of-cybe.

12 "The World's Firt All-Machine Hacking Tournament," http://www.cybergrandchallenge.com.

13 Forrest, Hofmeyr, and Edwards, "The Complex Science of Cyber Defense."

14 John M. Barry, *The Great Influenza: The Epic Story of the Deadliest Plague in History* (New York: Penguin, 2005), 267.

15 Forrest, Hofmeyr, and Edwards, "The Complex Science of Cyber Defense."

16 同上。

17 Andrea Peterson, "Why One of Cybersecurity's Thought Leaders Uses a Pager instead of a Smart Phone," *Washington Post,* August 11, 2014, https://www.washingtonpost.com/news/the-switch/wp/2014/08/11/why-one-of-cybersecuritys-thought-leaders-uses-a-pager-instead-of-a-smart-phone/.

法則九　系統勝過個體

1 博伊登與伊藤穰一的通信內容。

2 郝傑夫訪談內容。

3 Ferris Jabr and *Scientific American* staff, "Know Your Neurons: What Is the Ration of Glia to Neurons in the Brain?" *Scientific American,* June 3, 2012.

4 Paul Reber, "What Is the Memory Capacity of the Human

Brain?," *Scientific American,* May 1, 2010, http://www.scientificamerican.com/article/what-is-the-memory-capacity/.

5　Nate, "How Much Is A Petabyte?," *Mozy Blog,* July 2, 2009, https://mozy.com/blog/misc/how-much-is-a-petabyte/.

6　Mark Fischetti, "Computers versus Brains," *Scientific American,* November 1, 2011, http://www.scientificamerican.com/article/computers-vs-brains/.

7　Elwyn Brooks White, *Here Is New York* (New York Review of Books, 1949), 19.

8　Edward Boyden, "A History of Optogenetics: The Development of Tools for Controlling Brain Circuits with Light," *F1000 Biology Reports* 3 (May 3, 2011), doi:10.3410/B3-11.

9　Boyden, "A History of Optogenetics."

10　"Edward Boyden Wins 2016 Breakthrough Prize in Life Sciences," *MIT News,* November 9, 2015, http://news.mit.edu/2015/edward-boyden-2016-breakthrough-prize-life-sciences-1109.

11　John Colapinto, "Lighting the Brain," *New Yorker,* May 18, 2015, http://www.newyorker.com/magazine/2015/05/18/lighting-the-brain.

12　Quinn Norton, "Rewiring the Brain: Inside the New Science of Neuroengineering," *WIRED,* March 2, 2009, http://www.wired.com/2009/03/neuroengineering1/.

13　Katherine Bourzac, "In First Human Test of Optogenetics, Doctors Aim to Restore Sight to the Blind," *MIT Technology Review,* February 19, 2016, https://www.technologyreview.com/s/600696/in-first-human-test-of-optogenetics-doctorsaim-to-restore-sight-to-the-blind/.

14 Anne Trafton, "Seeing the Light," *MIT News*, April 20, 2011, http://news.mit.edu/2011/blindness-boyden-0420.

15 Karl Deisseroth, "Optogenetics: Controlling the Brain with Light [Extended Version]," *Scientific American*, October 20, 2010, http://www.scientiĭcamerican.com/article/optogenetics-controlling/.

16 同上。

17 Ernst Bamberg, "Optogenetics," *Max-Planck-Gesellschaft*, 2010, https://www.mpg.de/18011/Optogenetics.

18 Udi Nussinovitch and Lior Gepstein, "Optogenetics for in Vivo Cardiac Pacing and Resynchronization Therapies," *Nature Biotechnology* 33, no. 7 (July 2015): 750-54, doi:10.1038/nbt.3268.

19 Deisseroth, "Optogenetics: Controlling the Brain with Light [Extended Version]."

20 "1985 | Timeline of Computer History," *Computer History Museum*, accessed June 7, 2016, http://www.computerhistory.org/timeline/1985/.

21 Quoted in Tom Collins, *The Legendary Model T Ford: The Ultimate History of America's First Great Automobile* (Fort Collins, CO.: Krause Publications, 2007), 155.

22 Henry Ford, *My Life and Work* (New York: Doubleday, 1922), 73.

23 David Gartman, "Tough Guys and Pretty Boys: The Cultural Antagonisms of Engineering and Aesthetics in Automotive History," *Automobile in American Life and Society*, accessed June 7,

2016, http://www.autolife.umd.umich.edu/Design/Gartman/
D_Casestudy/D_Casestudy3.htm.
24 Elizabeth B-N Sanders, "From User-Centered to Participatory
Design Approaches," *Design and the Social Sciences: Making
Connections*, 2002, 1-8.
25 Quoted in Drew Hansen, "Myth Busted: Steve Jobs Did Listen
to Customers," *Forbes*, December 19, 2013, http://www.forbes.
com/sites/drewhansen/2013/12/19/myth-busted-steve-jobs-
did-listen-to-customers/.
26 Sanders, "From User-Centered to Participatory Design
Approaches."

結語

1 還有1835年日本圍棋史的「吐血名局」，但這還是少說為妙。
2 Sensei's Library, "Excellent Move," last edited May 31, 2016,
http://senseis.xmp.net/?Myoshu.
3 聽起來難以置信，對吧？但千真萬確。關於這項比較的數學解
釋，參見：Eliene Augenbraun, "Epic Math Battles: Go versus
Atoms," *Scientific American 60-Second Science Video*, May 19,
2016, http://www.scientificamerican.com/video/epic-math-
battles-go-versus-atoms。
4 Xiangchuan Chen, Daren Zhang, Xiaochu Zhang, Zhihao Li,
Xiaomei Meng, Sheng He, Xiaoping Hu, "A Functional MRI
Study of High-Level Cognition: II. The Game of GO," *Cognitive
Brain Research*, 16, issue 1 (March 2003) 32-37, ISSN 0926-
6410, http://dx.doi.org/10.1016/S0926-6410(02)00206-9.

5　Rémi Coulom, "Efficient Selectivity and Backup Operators in Monte-Carlo Tree Search." *Computers and Games, 5th International Conference, CG 2006, Turin, Italy, May 29-31, 2006, revised papers*, H. Jaap van den Herik, Paolo Ciancarini, H. H. L. M. Donkers, eds., Springer, 72-8, http://citeseerx.ist.psu.edu/viewdoc/summary?doi=10.1.1.81.6817

6　David Silver, Aja Huang, Chris J. Maddison, Arthur Guez, Laurent Sifre, George Van Den Driessche, Julian Schrittwieser et al., "Mastering the Game of Go with Deep Neural Networks and Tree Search," *Nature* 529, no. 7587 (2016): 484-489.

7　Elizabeth Gibney, "Go Players React to Computer Defeat," *Nature News*, January 27, 2016, http://www.nature.com/news/go-players-react-to-computer-defeat-1.19255.

8　Mark Zuckerberg, Facebook post dated January 27, 2016, https://www.facebook.com/zuck/posts/10102619979696481?comment_id=10102620696759481&comment_tracking=%7B%22tn%22%3A%22R0%22%7D.

9　Cade Metz, "In Two Moves, AlphaGo and Lee Sedol Redefined the Future," *Wired*, March 16, 2016, http://www.wired.com/2016/03/two-moves-alphago-lee-sedol-redefined-future/.

10　Cade Metz, "The Sadness and Beauty of Watching Google's AI Play Go," *Wired,* March 11, 2016, http://www.wired.com/2016/03/sadness-beauty-watching-googles-ai-play-go/.

11　In 2016, the Super Bowl drew 111.9 million viewers, compared to 280 million for the video of Sedol's matches against AlphaGo. Frank Pallotta and Brian Stelter, "Super Bowl

50 Audience Is Third Largest in TV History," *CNN Money*, February 8, 2016, http://money.cnn.com/2016/02/08/media/super-bowl-50-ratings/.

12 Baek Byung-yeul, "Lee-AlphaGo Match Puts Go Under Spotlight," *Korea Times*, March 10, 2016, http://www.koreatimes.co.kr/www/news/nation/2016/04/663_200122.html.

13 Iyad Rahwan, "Society-in-the-Loop: Programming the Algorithmic Social Contract," Medium, August 13, 2016. http://medium.com/mit-media-lab/society-in-the-loop-54ffd71cd802#.2mx0bntqk.

14 Yochai Benkler, "Coase's Penguin, or, Linux and The Nature of the Firm," *Yale Law Journal* (2002): 369-446.

15 Melanie Mitchell, *Complexity: A Guided Tour* (New York: Oxford University Press, 2009), ix.

財經企管 BCB637

進擊：未來社會的九大生存法則
Whiplash: How to Survive Our Faster Future

作者 ── 伊藤穰一 Joi Ito、郝傑夫 Jeff Howe
譯者 ── 李芳齡

總編輯 ── 湯皓全
副總編輯 ── 周思芸
研發總監 ── 張奕芬
責任編輯 ── 楊逸竹
美術設計 ── 莊謹銘

出版者 ── 遠見天下文化出版股份有限公司
創辦人 ── 高希均、王力行
遠見・天下文化・事業群 董事長 ── 高希均
事業群發行人／CEO ── 王力行
天下文化社長／總經理 ── 林天來
版權部協理 ── 張紫蘭
法律顧問 ── 理律法律事務所陳長文律師
著作權顧問 ── 魏啟翔律師
社址 ── 台北市 104 松江路 93 巷 1 號
讀者服務專線 ── (02)2662-0012
傳　真 ── (02)2662-0007；2662-0009
電子信箱 ── cwpc@cwgv.com.tw
直接郵撥帳號 ── 1326703-6 號　遠見天下文化出版股份有限公司

電腦排版 ── 立全電腦印前排版有限公司
製版廠 ── 立全電腦印前排版有限公司
印刷廠 ── 祥峰印刷事業有限公司
裝訂廠 ── 中原造像股份有限公司
登記證 ── 局版台業字第 2517 號
總經銷 ── 大和書報圖書股份有限公司｜電話 ── (02)8990-2588
出版日期 ── 2018 年 2 月 1 日第一版第一次印行

國家圖書館出版品預行編目(CIP)資料

進擊：未來社會的九大生存法則 / 伊藤穰一(Joi
Ito), 郝傑夫(Jeff Howe)著；李芳齡譯. -- 第一版. --
臺北市：遠見天下文化, 2018.02
　面；　公分. -- (財經企管；BCB637)
譯自：Whiplash : how to survive our faster future
ISBN 978-986-479-371-6(平裝)

1.未來社會 2.技術發展

541.41　　　　　　　　　　　　　106024454

定價 ── 450 元
ISBN ── 987-986-479-371-6
書號 ── BCB637
天下文化官網 ── bookzone.cwgv.com.tw

本書如有缺頁、破損、裝訂錯誤，請寄回本公司調換。
本書僅代表作者言論，不代表本社立場。